INTROSP

Evoluția începe de la cunoașterea de sine.
Prin lectură, pornim într-o călătorie
înspre sine, pentru ca apoi să găsim
starea de împăcare și echilibrul
interior. *Introspectiv* își propune
să ofere cititorului cărți-reper
din domeniile spiritualității, psihologiei
și dezvoltării personale.

CHARLES L. WHITFIELD

ELIBERAREA COPILULUI INTERIOR

CUM SĂ IDENTIFICI ȘI SĂ VINDECI TRAUMELE COPILĂRIEI

Traducere din limba engleză și note
ANDREEA LUTIC

LITERA
București

Healing the Child Within
Discovery and Recovery for Adult Children of Dysfunctional Families
Charles L. Whitfield, M.D.

Ediție publicată pentru prima oară de Health Communications, Inc.,
c/o Simon & Schuster, Inc.

INTROSPECTIV®

Introspectiv este parte a Grupului Editorial Litera
tel.: 0374 82 66 35; 021 319 63 90; 031 425 16 19
e-mail: contact@litera.ro
www.litera.ro

Editor: Vidrașcu și fiii
Redactare: Oana Dușmănescu, Ștefania Mihalache
Copertă: Bell Studio
Corectură: Dușa Udrea-Boborel, Oana Sănițariu
Tehnoredactare și prepress: Laura Velcea

Descrierea CIP a Bibliotecii Naționale a României
WHITFIELD, CHARLES L.
Eliberarea copilului interior : cum să identifici şi
să vindeci traumele copilăriei / Charles L. Whitfield ;
trad. din lb. engleză de Andreea Rosemarie Lutic. –
Bucureşti : Litera, 2022
ISBN 978-606-33-8796-8

I. Lutic, Andreea Rosemarie (trad.)
159.9

Cuprins

Cuvânt-înainte

Sunt onorat să scriu cuvântul-înainte la ediția actualizată a acestei lucrări clasice, *Eliberarea copilului interior*.

Pionier în vindecarea traumelor, Charles Whitfield a fost votat de colegii săi, începând din 1995, drept unul dintre cei mai buni medici din America. Înțelepciunea și cuvintele lui au atins sufletele și mințile a milioane de cititori, dăruindu-le un lucru prețios: speranța. Pe parcursul carierei sale, Whitfield a împărtășit cu generozitate din experiența sa clinică și de cercetare altor profesioniști și persoanelor în curs de recuperare. Peste 80 de autori au citat din cartea de față sau au menționat-o – un număr remarcabil și un indicator al locului important pe care-l ocupă acest volum în arsenalul abilităților noastre.

În cei 35 de ani care au trecut de când Whitfield a publicat pentru prima dată *Eliberarea copilului interior*, am făcut progrese importante în ceea ce privește înțelegerea efectelor traumelor asupra psihicului uman. Cartea de față a avut o contribuție semnificativă în acest sens, devenind, ca urmare, bestseller. Potrivit lui Whitfield, „copilul interior" reprezintă „acea parte din noi care este, în esență, plină de viață și de energie, creativă și împlinită" (pag. 25). Când această parte din noi nu este hrănită, ia naștere un sine fals. Pentru a ne ajuta să înțelegem acest sine fals și să ne eliberăm din capcana lui, Whitfield explorează trei aspecte-cheie: impactul abuzării și al neglijării copilului, integrarea ce are loc după ce ne spunem povestea – un aspect esențial al procesului de recuperare după numeroasele efecte negative ale abuzurilor și neglijării din copilărie –, precum și contribuția pe care o au la vindecare programele de recuperare în 12 pași, bazate pe spiritualitate.

Abuzurile și neglijarea din copilărie

Cum arată existența în lipsa abilităților de a crea și de a întreține relații apropiate, bazate pe încredere? Când nu suntem capabili să manifestăm preocupare față de cei din jur, să simțim remușcări, empatie și iubire? Clădirea unor relații emoționale sănătoase este asociată cu anumite părți ale creierului care se dezvoltă în primii ani de viață. Deseori, când dezvoltarea cerebrală sănătoasă este afectată în mod semnificativ din cauza unor traume repetate, copilul rămâne într-o stare incontrolabilă de „luptă, fugi sau îngheață", numită adesea „tulburare de stres posttraumatic", despre care Whitfield discută în capitolul 7. De asemenea, dezvoltarea inadecvată în copilărie poate îngreuna senzația de plăcere sau excitație sexuală la vârsta adultă. În cartea de față, Whitfield dezvăluie cât de frecvent sunt supuși abuzurilor copiii din familiile disfuncționale și descrie numeroasele forme sub care se ascunde trauma. De exemplu, conform unor studii recente, neglijarea și abuzul emoțional sunt la fel de devastatoare pentru un copil ca abuzul fizic sau cel sexual.

Whitfield explică: „Abuzul fizic sever și abuzul sexual la vedere au efecte traumatice evidente asupra copiilor și bebelușilor, însă alte forme de abuz sunt mai greu de identificat. Printre acestea se numără abuzul fizic ușor sau moderat, abuzul sexual ascuns sau mai puțin evident, abuzul mental și emoțional, neglijarea copilului și ignorarea sau zădărnicirea spiritualității sau a dezvoltării spirituale a copilului" (pag. 72).

Capacitatea copilului de a exprima emoții și de a-și controla într-o anumită măsură trăirile și comportamentele se formează încă din primul an de viață. În această perioadă esențială pentru dezvoltarea noastră învățăm cum să ne conectăm cu noi înșine și cu alte persoane.

Integrarea poveștii noastre

Povestea noastră poate spune foarte multe despre noi înșine. De ce e atât de important să ne spunem povestea? Această întrebare necesită un răspuns complex, pe care cercetătorii și medicii sunt pe cale să-l construiască din bucățele. După cum explică Whitfield cu atâta elocvență, „începem să vedem legăturile dintre situația noastră actuală și ceea ce ni s-a întâmplat în copilărie. Când ne spunem povestea, începem să ne eliberăm de statutul de victimă sau martir și de compulsia la repetiție" (pag. 169).

Cercetările au arătat că nu contează atât de mult ce ni s-a întâmplat în copilărie, ci interpretarea pe care o dăm celor întâmplate. Cu alte cuvinte, o poveste personală coerentă sugerează integrare emoțională și intelectuală. După cum afirmă Whitfield, „a ne spune povestea este un act important în procesul de descoperire și vindecare a copilului interior" (pag. 149). Acest act simplu determină creierul să efectueze simultan mai multe operațiuni, precum fuzionarea trăirilor, a comportamentului, a percepției conștiente și a senzațiilor. În cursul acestui proces, înțelegem și reîncadrăm evenimente din viață, comportamente și emoții într-un context mai coerent și mai sănătos.

Acest proces de integrare are loc cel mai eficient într-un mediu în care ne simțim în siguranță, cum ar fi psihoterapia de grup sau individuală, la întrunirile unui grup de sprijin, când scriem în jurnal sau când purtăm o discuție sinceră cu un prieten foarte bun. Cercetările din ultimii 50 de ani au ajuns în mod repetat la concluzia că principalul factor care prefigurează succesul unui tratament este calitatea relației terapeutice. Într-un context precum cel de mai sus, terapeutul își poate ajuta pacientul să dea un sens poveștii vieții sale într-un mediu unde se simte în siguranță, unde își poate asuma riscuri, unde poate să renunțe la unele mecanisme de apărare inutile împotriva suferinței și în mintea lui se poate naște încurajarea pe măsură ce își formează o nouă perspectivă asupra lui însuși și a lumii. Unii numesc asta „revelație" sau „iluminare". Persoana intră într-un contact mai apropiat cu ea însăși, devenind mai conectată, mai puțin înclinată să se apere și mai integrată în contextul general – toate acestea însemnând dezvoltare personală.

Budiștii descriu sinele ca pe o ceapă cu nenumărate straturi. Fiecare strat, fiecare foaie este un nou capitol care așteaptă să fie explorat și integrat. Whitfield spune: „Când ne transformăm, începem să integrăm și să aplicăm această transformare în viața noastră de zi cu zi. A integra înseamnă a crea un întreg din părți separate" (pag. 178). E important să înțelegem ce legătură are *integrarea* cu starea noastră de bine. Cu cât creierul nostru este mai integrat, cu atât devine mai complex și mai sănătos, după cum ilustrează povestea următoare:

> Marcus a crescut într-o familie de alcoolici. Tatăl lui era un alcoolic abuzator, care îl bătea cu o curea din piele. La 12 ani, Marcus a decis să nu mai lase pe nimeni să-i facă vreun rău și a declarat: „Dacă mai îndrăznește cineva să se ia de mine, o să-i trag un șut în fund". Deși avea mulți amici de pahar, Marcus avea tot timpul probleme cu persoane de sex masculin ce simbolizau autoritatea, precum șefi, profesori, polițiști și terapeuți. Când a fost întrebat ce se întâmplă, a răspuns: „E ca și cum în interiorul meu ar fi o altă persoană care preia controlul, iar eu sunt neputincios". În timpul terapiei, făcea față cu greu propriilor emoții și părea că nu găsește cuvintele potrivite pentru a le exprima. Despre furia lui spunea următoarele: „Totul sau nimic: fie nu simt deloc, fie simt prea mult".

O mare parte din limbajul creierului e reprezentat de sentimentele noastre, însă Marcus nu era capabil să le denumească sau să le gestioneze pe ale sale. Numim această dificultate o problemă de integrare. Marcus poate folosi mai multe tehnici pentru a o rezolva. Una dintre ele presupune existența unei percepții, pe care, ulterior, să o interpreteze și să reacționeze în mod eficient, la momentul potrivit – ceea ce este posibil cu ajutorul unui program de recuperare. În al doilea rând, meditația poate contribui la schimbarea modului de funcționare a creierului. De exemplu, meditația de tip mindfulness reface energia mentală și emoțională, favorizând formarea unor noi atitudini și reacții față de evenimentele din viața noastră. În această carte, Whitfield ne arată pas cu pas cum să ne formăm aceste abilități de vindecare. O copilărie petrecută într-un mediu traumatic, precum în cazul lui Marcus, va avea ca rezultat un trunchi cerebral hiperactiv. În această zonă sunt localizate majoritatea sistemelor de reacție la stres, iar un nivel de excitație crescut poate declanșa frică, anxietate, furie și impulsivitate. De asemenea, traumele repetate din copilărie pot să blocheze capacitatea de empatie, de a rezolva probleme, de a gândi la nivel abstract și de a conceptualiza. În plus, persoane ca Marcus pot supraestima pericolele sau pot interpreta greșit indicii vizuale cum sunt expresiile faciale, având drept consecință incapacitatea de a-și modula suferința emoțională. Imaginați-vă ce s-ar întâmpla cu Marcus dacă, la începutul programului de recuperare, s-ar confrunta cu o situație care îi amintește de vechile lui traume. De exemplu, dacă șeful lui se supără pe el, creierul lui Marcus activează tiparul „luptă sau fugi" cu care este învățat, ceea ce are ca rezultat o nouă izbucnire de furie.

Eliberarea copilului interior descrie paisprezece teme fundamentale implicate în procesul de recuperare. Una dintre acestea este *controlul* sau lipsa lui. În cazul lui Marcus și al multor altor persoane, frica de a nu-și pierde controlul conduce la un comportament autodistructiv. În trecut, o serie de figuri autoritare de sex masculin i-au spus că n-o să-l mai primească la terapie, o să-l concedieze, o să-l aresteze sau o să-l pedepsească într-un alt mod. Dar aceste reacții n-au făcut decât să-i consolideze senzația că aceste persoane îl vor face să sufere dacă le lasă să se apropie de el. Într-un mediu terapeutic, Marcus poate învăța să renunțe la vechiul lui tipar neproductiv al eșecului. Poate învăța să se echilibreze și să se calmeze singur. Cartea de față prezintă cu claritate acest proces de schimbare.

Principalul scop al psihoterapiei este integrarea trăirilor (afectelor) și a gândirii (cogniției), ceea ce are drept rezultat dezvoltarea personală. Lui Marcus îi era greu să-și identifice și să-și proceseze trăirile. Care e cel mai bun mod în care poate ajunge la echilibru și integrare? Din cele mai vechi timpuri, oamenii au recurs la povești pentru a transmite cele mai diverse informații, inclusiv aspecte mentale, emoționale și fizice ale vieții lor. Ne putem vindeca și integra creierul și corpul afectate de stres cu ajutorul unei povești pe care o creăm împreună cu un terapeut, într-un grup sau cu sponsorul* nostru. Acest tip de echilibrare și integrare ne oferă o nouă perspectivă. Marcus va învăța probabil să se detașeze de mecanismele de supraviețuire din copilărie bazate pe furie, care i-au cauzat atâtea probleme. La vârsta de 12 ani, aceea era cea mai bună strategie pe care creierul său a fost capabil s-o creeze. Odată ce dobândește abilități de autovindecare precum identificarea, reîncadrarea și meditația, creierul lui va începe să se relaxeze în situații care anterior îl făceau să se supere și să se înfurie.

Acesta este tipul de integrare despre care vorbește Whitfield în cartea lui clasică. A ne integra înseamnă a ne schimba și a pricepe că *suntem capabili să dobândim pacea interioară și să ne înțelegem pe noi înșine și pe ceilalți.*

Programele de recuperare în 12 pași pe baze spirituale

După cum scrie Whitfield, „spiritualitatea se referă la relațiile pe care le avem cu noi înșine, cu alții și cu universul" (pag. 186).

O persoană spirituală nu este neapărat religioasă. Printre beneficiile spiritualității se numără modestia, forța interioară, sentimentul că avem un scop în viață, acceptarea propriei persoane și a celor din jurul nostru, armonia, seninătatea, recunoștința și iertarea.

---

* În acest context, sponsor înseamnă o persoană care participă în mod regulat la întâlnirile unui grup implicat într-un program de recuperare și a parcurs cei 12 pași ai programului. (n.trad.)

Relația dintre meditație și spiritualitate a fost temeinic documentată. Atât meditația, cât și spiritualitatea implică sentimente de detașare pe tărâmuri aflate dincolo de spațiu și timp. Între spiritualitate și vindecare există o strânsă legatură. Bunul-simț ne spune că spiritualitatea reprezintă un atu în procesul de recuperare. Cei care se consideră atei sau agnostici pot folosi în schimb tehnici de meditație.

Există multe moduri de a ne dezvolta spiritualitatea. Pentru Marcus poate fi foarte important să se înscrie într-un program în 12 pași bazat pe spiritualitate și să se înconjoare de oameni spirituali. De asemenea, i-ar fi de ajutor să învețe să aprecieze numeroasele momente spirituale din viața lui. O viață profundă și plină de sens amplifică plăcerea și reduce izolarea, suferința și golul interior.

Whitfield explică: „... devine din ce în ce mai clar că fericirea nu e un lucru pe care-l *obținem*. Fericirea, pacea sau seninătatea reprezintă *starea noastră naturală*. Dincolo de tot ce adăugăm emoțiilor și experiențelor noastre, dincolo de autocontracția noastră se află Seninătatea însăși“ (pag. 205).

În 1986, când a fost publicată pentru prima dată, această carte a fost de-a dreptul revoluționară. La fel de relevantă și în ziua de azi, *Eliberarea copilului interior* rămâne o carte inovatoare în domeniile psihologiei și vindecării traumelor. Vă invit s-o citiți cu încrederea că în paginile sale veți găsi calea spre vindecare și înțelepciune.

Cardwell C. Nuckols

Mulțumiri

Mulțumiri speciale persoanelor care au citit una dintre primele versiuni ale cărții și mi-au oferit sugestii constructive: Herb Gravitz, Julie Bowden, Vicki Mermelstein, Rebecca Peres, Jerry Hunt, John Femino, Jeanne Harper, Barbara Ensor, Lucy Robe, John Davis, Doug Hedrick, Mary Jackson, Barry Tuchfeld, Bob Subby și Anne Wilson Schaef.

Le mulțumesc cu recunoștință celor de mai jos pentru că mi-au acordat permisiunea de a-i cita:

Portia Nelson, „Autobiography in Five Short Chapters" („Autobiografie în cinci capitole scurte"), © 1980 Portia Nelson, retipărit de The Popular Library Edition.

Portia Nelson, *There's a Hole in my Sidewalk* (*În trotuar e o groapă*) © 1977 Portia Nelson.

Arthur Deikman, citat din cartea sa *The Observing Self* (*Sinele observator*) © 1972 Arthur Deikman, Beacon Press, Boston.

Alice Miller, citat din cartea ei *Thou Shalt Not Be Aware* (*Să nu bagi de seamă*) © 1984 Alice Miller, Farrar Straus Giroux, New York.

Această carte este dedicată copilului interior
al fiecăruia dintre noi.

Introducere

În 1986, am scris această carte cu scopul de a le servi pacienților mei drept instrument educațional și „biblioterapie". Informațiile simple despre vindecare pe care le conține se bazau pe ceea ce observasem timp de ani întregi la pacienții mei, majoritatea adulți care suferiseră traume în copilărie, și pe ceea ce învățasem până atunci din literatura științifică și medicală pe această temă. La vremea aceea n-am intenționat ca lucrarea să fie destinată publicului general și n-am anticipat că se va vinde în peste un milion de exemplare – sau că va fi tradusă în peste zece limbi.

Faptul că aproape tot conținutul ei originar și principiile prezentate au rămas valabile în lumina descoperirilor științifice ulterioare este remarcabil, dar nu surprinzător. În ultimii 20 de ani, aceste descoperiri au confirmat efectele dăunătoare ale unei copilării petrecute într-un mediu traumatizant și nociv. Dintre toate aceste efecte dureroase, tulburarea de stres posttraumatic (PTSD), despre care voi discuta în capitolul 7, ar putea fi una dintre cele mai frecvente și mai invalidante afecțiuni căreia îi cad victimă copiii traumatizați care au devenit adulți.

Validare

După cum au demonstrat cercetările pe care le-am întreprins timp de zece ani și lectura a peste 330 de studii științifice la care au participat cu mult peste 230 000 de persoane din lumea întreagă, asemenea traume pot avea numeroase alte efecte dureroase care se manifestă în alte moduri. Printre acestea se numără așa-zisele „boli psihice" – de la depresie la adicții și schizofrenie – plus o gamă întreagă de tulburări fizice.

Numite și „afecțiuni din spectrul traumatic", aceste boli indică o legătură strânsă cu un istoric de traume repetate în copilărie. În plus, contrar cunoștințelor actuale din domeniul psihiatriei, nu există prea multe dovezi că aceste afecțiuni ar fi cauzate de o tulburare ereditară legată de reacțiile chimice din creier. Într-adevăr, dacă și când se descoperă anomalii cerebrale în cadrul studiilor, acestea reprezintă probabil un *mecanism* al afecțiunii respective, *cauza* mecanismului *și* a afecțiunii fiind traumele repetate din copilărie și cele ulterioare.[1]

Din 1986, am aflat o serie de lucruri mai importante. Majoritatea familiilor de pe glob sunt disfuncționale, în sensul că nu satisfac nevoile sănătoase ale copiilor. Rezultatul este întreruperea creșterii și dezvoltării neurologice și psihologice normale a copilului de la naștere până la vârsta adultă. Pentru a supraviețui, sinele real al copilului traumatizat (sinele adevărat sau copilul interior) își găsește sălaș în profunzimile inconștiente ale psihicului. Rezultatul este apariția unui sine fals sau ego, care încearcă să regizeze spectacolul vieții noastre, dar fără succes, întrucât nu este decât un mecanism de apărare împotriva durerii și nu există în mod real. Motivațiile lui se bazează mai degrabă pe nevoia de a avea dreptate și de a deține controlul în toate situațiile.

Semnificația vindecării copilului interior și programele destinate alcoolicilor

Modul de abordare a vindecării pe care îl descriu în această carte a fost confirmat de nenumărate persoane care s-au reechilibrat cu ajutorul principiilor sale. Mai jos iată pe scurt șase dintre principalele sale semnificații.

Conștientizarea de către pacienți și terapeuți a faptului că vindecarea presupune ceva mai mult decât îndemnul „nu bea“ (sau „nu lua droguri“, sau „nu încerca să controlezi dependența altcuiva“) și mersul la întâlniri. Mulți au încercat asta și, cu toate că situația lor s-a îmbunătățit, continuau să sufere. O mare parte dintre ei și-au transferat dependența pe alte planuri – mâncare, bani, sex, muncă, relații nesănătoase – ori și-au format un alt comportament compulsiv autodistructiv. De asemenea, mulți au constatat că medicamentele psihiatrice pe care le-au primit nu-i ajutau, ba chiar aveau efecte supărătoare sau toxice.[1, 2]

Descoperirea și **identificarea** sinelui nostru real (a copilului nostru interior) și a spiritualității noastre. În multe cazuri, religiile organizate, convenționale sunt înlocuite cu o formă de spiritualitate mai vastă, universală, experimentală, ce ne ajută să ne simțim mai vii și să evoluăm.

Validarea experiențelor noastre din cadrul familiei disfuncționale în cadrul căreia am crescut. Mulți dintre noi au copilărit într-o familie de alcoolici sau cu alte disfuncționalități.

Permisiunea de a efectua munca de vindecare. Spre deosebire de modelul obișnuit al sănătății mintale, care vorbește despre tulburări mintale sau „psihopatologie", această abordare a suferinței mele propune o altă perspectivă: în loc să fiu considerat rău, bolnav, prost sau nebun, am o reacție normală la o situație anormală din copilărie. [1,2]

Structura acțiunilor specifice necesare pentru a parcurge procesul de vindecare. Descriu aceste acțiuni în cartea de față și, mai detaliat, în *A Gift to Myself* (*Un dar pentru mine însumi*) și *My Recovery* (*Recuperarea mea*).[3,4]

Vindecarea de confuzie, suferință și lipsa scopului, sensului și împlinirii în viață.[3]

❖❖❖

În timp ce reciteam cartea în vederea acestei actualizări, am corectat câteva greșeli de tipar și o serie de termeni și fraze perimate, dar n-a fost necesar să modific textul și mesajul de bază. De asemenea, am creat o secțiune de referințe la zi în beneficiul cititorilor.

Răbdare și perseverență

Pentru a ne vindeca de efectele traumelor și ale copilăriei petrecute într-o familie și o lume disfuncționale e nevoie de răbdare și perseverență. În mod firesc, suntem nerăbdători să ajungem cât mai repede la final, sărind peste efortul anevoios de vindecare. Pentru reușita procesului de recuperare, e important să învățăm să identificăm cu acuratețe ce anume ni s-a întâmplat și componentele vieții noastre interioare așa cum au apărut, inclusiv diversele noastre sentimente, și să învățăm să tolerăm suferința emoțională fără a încerca s-o combatem cu ajutorul medicamentelor.

Expresia „pas cu pas" întruchipează unul dintre cele mai profunde principii ale vindecării. Deși vindecarea durează mult, folosirea acestei sintagme ne permite să ne schimbăm repede perspectiva. Astfel călătoria noastră ajunge să ni se pară nu doar mai suportabilă, ci și plină de sens, ancorându-ne în prezent. Pe măsură ce jelim aducând la suprafață suferința îngropată în suflet și ne croim drum spre aspectele esențiale ale vindecării noastre, cu răbdare, ne eliberăm treptat de conflictele interioare nerezolvate. Descoperim că viitorul nostru este o destinație încă incertă. Viața noastră se desfășoară în prezent și doar aici putem să descoperim pacea interioară.

Charles L. Whitfield, M.D.
Atlanta, Georgia – 2006

1 Whitfield, C.L., *The Truth about Depression: Choices for Healing* (*Adevărul despre depresie. Posibilități de vindecare*), Health Communications, Deerfield Beach, Florida, 2003.

2 Whitfield, C.L., *The Truth about Mental Illness: Choices for Healing* (*Adevărul despre bolile mintale. Posibilități de vindecare*), Health Communications, Deerfield Beach, Florida, 2004.

3 Whitfield, C.L., *My Recovery: A Personal Plan for Healing* (*Recuperarea mea. Un plan personal de vindecare*), Health Communications, Deerfield Beach, Florida, 2003.

4 Whitfield, C.L., *A Gift to Myself: A Personal Workbook and Guide to the Healing My Child Within* (*Un dar pentru mine însumi. Manual și ghid de vindecare a copilului interior*), Health Communications, Deerfield Beach, Florida, 1990.

Capitolul 1

Să ne descoperim copilul interior

Conceptul de „copil interior“ este prezent în cultura mondială de cel puțin două mii de ani. Carl Jung l-a numit „copilul divin“, iar Emmet Fox folosea expresia „copilul-minune“. Psihoterapeuții Alice Miller și Donald Winnicott îi spun „sinele adevărat“. Mulți specialiști din domeniul alcoolismului și al dependenței de alte substanțe îl numesc „copilul interior“.

„Copilul interior“ se referă la acea parte din noi care este, în esență, plină de viață și de energie, creativă și împlinită; este sinele nostru adevărat – cine suntem în realitate.

Cu contribuția inconștientă a părinților și a societății, cei mai mulți dintre noi își reneagă copilul interior. Când acest copil interior nu este hrănit sau nu are posibilitatea să se exprime liber, ia naștere un sine fals sau codependent. Începem să ne trăim viața de pe poziția de victimă și nu suntem capabili de a ne rezolva traumele emoționale. Acumularea treptată de probleme mintale și emoționale nerezolvate poate duce la anxietate cronică, teamă, confuzie, senzație de gol interior și nefericire.

Negarea copilului interior și apariția ca rezultat a sinelui fals și a egoului negativ sunt fenomene extrem de frecvente în cazul copiilor și al adulților care au crescut în familii disfuncționale, precum cele în care întâlnim boli fizice sau psihice cronice, rigiditate, răceală sau lipsă de afecțiune.

Dar există o soluție. Există o cale de a ne descoperi și vindeca acest copil interior, de a ne elibera de atașamentele și suferința pe care le provoacă identificarea cu sinele nostru fals. Despre asta este vorba în cartea de față.

Mă va ajuta această carte?

Nu toți am fost molestați sau abuzați în copilărie. Nimeni nu știe exact câți dintre noi primesc suficientă iubire, îndrumare și alte tipuri de hrană emoțională. Eu estimez un procent cuprins între 5 și 20. Asta înseamnă că în jur de 80–95% dintre oameni nu au parte de iubirea, îndrumarea și alte tipuri de hrană emoțională necesare pentru a crea relații sănătoase și pentru a avea o părere bună despre ei înșiși și despre ceea ce fac (Satir, 1972; Felitti *et al.*, 1998).

Deși nu e ușor de determinat dacă avem tendința să creăm relații sănătoase sau nesănătoase cu noi înșine și cu cei din jur, poate fi util să răspundeți la unele dintre întrebările de mai jos.

L-am denumit „Chestionar privind potențialul de vindecare" deoarece reflectă nu doar măsura în care am fost traumatizați, ci și posibilitățile noastre de a evolua și a avea o viață dinamică, aventuroasă și fericită.

Chestionar privind potențialul de recuperare

Încercuiți sau bifați răspunsul care reflectă cel mai fidel ceea ce simțiți cu adevărat.

1) Căutați aprobare și validare?
Niciodată Rareori Ocazional Deseori De obicei

2) Vă este greu să vă recunoașteți realizările?
Niciodată Rareori Ocazional Deseori De obicei

3) Vă temeți de critici?
Niciodată Rareori Ocazional Deseori De obicei

4) Vă suprasolicitați?
Niciodată Rareori Ocazional Deseori De obicei

5) Ați avut probleme din cauza propriului comportament compulsiv?
Niciodată Rareori Ocazional Deseori De obicei

6) Simțiți nevoia să fiți perfect?
Niciodată Rareori Ocazional Deseori De obicei

7) Sunteți neliniștit când totul pare să meargă de la sine? Anticipați în permanență probleme?
Niciodată Rareori Ocazional Deseori De obicei

8) Vă simțiți mai dinamic în momentele de criză?
Niciodată Rareori Ocazional Deseori De obicei

9) Vă preocupă binele celorlalți, dar sunteți mai puțin preocupat de binele propriu?
Niciodată Rareori Ocazional Deseori De obicei

10) Vă izolați de alte persoane?
Niciodată Rareori Ocazional Deseori De obicei

11) Reacționați anxios în fața persoanelor cu autoritate și a celor furioase?
Niciodată Rareori Ocazional Deseori De obicei

12) Aveți impresia că oamenii și societatea în general profită de dumneavoastră?
Niciodată Rareori Ocazional Deseori De obicei

13) Aveți probleme în relațiile intime?
Niciodată Rareori Ocazional Deseori De obicei

14) Atrageți și sunteți atras de oameni care tind să fie compulsivi?
Niciodată Rareori Ocazional Deseori De obicei

15) Vă agățați de relații fiindcă vă temeți de singurătate?
Niciodată Rareori Ocazional Deseori De obicei

16) Nu aveți încredere în propriile emoții și în emoțiile pe care le exprimă alții?
Niciodată Rareori Ocazional Deseori De obicei

17) Vă este greu să vă exprimați emoțiile?
Niciodată Rareori Ocazional Deseori De obicei

Dacă ați răspuns „Ocazional", „Deseori" sau „De obicei" la vreuna dintre aceste întrebări, poate fi util să continuați lectura. (Aceste întrebări se bazează pe cele ale Al-Anon Family Group, 1984, fiind modificate cu permisiunea lor.)

Alte întrebări de luat în calcul:

18) Vă temeți de vreunul dintre următoarele lucruri:

- să vă pierdeți controlul?
Niciodată Rareori Ocazional Deseori De obicei
- propriile dumneavoastră emoții?
Niciodată Rareori Ocazional Deseori De obicei
- conflicte și critici?
Niciodată Rareori Ocazional Deseori De obicei
- să nu fiți respins sau părăsit?
Niciodată Rareori Ocazional Deseori De obicei
- să nu eșuați?
Niciodată Rareori Ocazional Deseori De obicei

19) Vă este greu să vă relaxați și să vă distrați?
Niciodată Rareori Ocazional Deseori De obicei

20) Vi se întâmplă să mâncați, să beți, să munciți, să consumați droguri sau să căutați alte stimulente în mod compulsiv?
Niciodată Rareori Ocazional Deseori De obicei

21) Ați fost la consiliere sau psihoterapie, însă totuși aveți impresia că e „ceva" greșit sau care lipsește?
Niciodată Rareori Ocazional Deseori De obicei

22) Vă simțiți adesea amorțit, pustiu pe dinăuntru sau trist?
Niciodată Rareori Ocazional Deseori De obicei

23) Vă este greu să aveți încredere în alții?

Niciodată Rareori Ocazional Deseori De obicei

24) Aveți un simț exagerat al responsabilității?

Niciodată Rareori Ocazional Deseori De obicei

25) Aveți un sentiment de neîmplinire, atât pe plan personal, cât și profesional?

Niciodată Rareori Ocazional Deseori De obicei

26) Aveți sentimente de vinovăție, inadecvare sau o stimă de sine redusă?

Niciodată Rareori Ocazional Deseori De obicei

27) Sunteți predispus la oboseală, disconfort și dureri cronice?

Niciodată Rareori Ocazional Deseori De obicei

28) Când mergeți în vizită la părinți, vă este greu să petreceți cu ei mai mult de câteva minute sau câteva ore?

Niciodată Rareori Ocazional Deseori De obicei

29) Nu prea știți cum ar trebui să răspundeți când oamenii vă întreabă ce simțiți?

Niciodată Rareori Ocazional Deseori De obicei

30) V-ați întrebat vreodată dacă e posibil să fi fost abuzat, neglijat sau tratat necorespunzător în copilărie?

Niciodată Rareori Ocazional Deseori De obicei

31) Vă este greu să le spuneți altora ce doriți de la ei?

Niciodată Rareori Ocazional Deseori De obicei

Dacă ați răspuns „Ocazional", „Deseori" sau „De obicei" la vreuna dintre aceste întrebări, această carte v-ar putea fi utilă. (Dacă ați răspuns „Niciodată" la majoritatea întrebărilor, e posibil să nu fiți conștient de unele dintre trăirile dumneavoastră.)

În cartea de față descriu câteva principii de bază ale procesului de descoperire a persoanei care suntem în realitate și sugerez că răspunsul constă în eliberarea sinelui adevărat sau a copilului interior. Apoi vă arăt cum ne putem vindeca sinele adevărat pentru a diminua confuzia, durerea și suferința.

Acest proces necesită timp, efort și disciplină. În consecință, poate fi util să recitiți aceste capitole la anumite intervale de-a lungul lunilor și anilor următori.

Capitolul 2

Originea conceptului de „copil interior“

Primele referiri la copilul interior datează încă dinainte de Hristos. Există însă trei extensii recente ale acestui concept care sunt relevante pentru definiția sa actuală.

Abuzurile și neglijarea din copilărie

Prima extensie reprezintă consecința a două curente. Unul dintre ele este curentul de recunoaștere și vindecare a abuzurilor din copilărie. Celălalt este rezultatul unei interacțiuni între acesta și anumiți specialiști și autori din domeniul psihoterapiei. Aceste concepte au evoluat în ultimii 70 de ani, probabil concomitent cu cel de-al doilea curent major care are în centru noțiunea de „copil interior“.

A doua extensie o reprezintă programele de recuperare în 12 pași și, strâns corelată cu acestea, terapia destinată membrilor de familie ai alcoolicilor. Asta i-ar putea surprinde pe cei care nu sunt familiarizați cu toate cele trei domenii: abuzarea copilului, psihoterapia și tratamentul alcoolismului. Dar între ele există cu siguranță o legătură, fiecare având importanța și preponderența sa în context.

Tratamentul alcoolismului

Alcoolismul a început să fie tratat cu succes în 1935, odată cu înființarea asociației Alcoolicilor Anonimi. Pe lângă faptul că sufereau de boala alcoolismului, majoritatea fondatorilor ei erau copii de alcoolici ajunși la maturitate și/sau fuseseră abuzați ori maltratați în copilărie. Mulți dintre ei încercaseră fără succes diverse forme de psihoterapie. Din păcate, în afara acestui domeniu de tratament, psihoterapia individuală pentru alcoolici și membrii familiilor lor în primele faze ale vindecării nu a progresat semnificativ, nici măcar în ziua de azi.

La fel ca psihoterapeuții, specialiștii care tratează abuzul și neglijarea copiilor abia încep să descopere vastele abilități clinice și eficacitatea din domeniul tratamentului alcoolismului, al altor dependențe chimice și al codependenței (definită la pag. 60). La rândul lor, specialiștii din domeniul alcoolismului și al tulburărilor compulsive învață din ce în ce mai multe din psihoterapia destinată abuzurilor și neglijării din copilărie.

În primii săi 20 de ani de existență, Asociația Alcoolicilor Anonimi s-a extins rapid și a devenit un „tratament" consacrat al alcoolismului (Kurtz, 1979). Programul în 12 pași al acesteia a reprezentat o revelație pentru alcoolicii care până atunci erau greșit înțeleși și tratați. La jumătatea anilor '50, au luat ființă atât mișcarea generică de terapie familială, cât și grupurile Al-Anon, destinate familiei și prietenilor alcoolicilor. Dar copiii proveniți din familiile de alcoolici n-au primit prea multă atenție, cu atât mai puțin copilul interior al tuturor celor afectați.

Până la sfârșitul anilor '60, practic n-au existat articole sau cărți care să trateze în mod serios problema copiilor proveniți din familiile de alcoolici. Prima carte de acest tip, *The Forgotten Children* (*Copiii uitați*) de Margaret Cork, a fost publicată în 1969. Ulterior, literatura și interesul față de acești copii au căpătat mai multă amploare.

Familia și copiii

La sfârșitul anilor ’70 și începutul anilor ’80 au apărut diverse metode practice de a-i înțelege și ajuta pe membrii familiilor alcoolicilor și persoanelor dependente de alte substanțe. Domeniul s-a dezvoltat atât de rapid, încât în ziua de azi există medici și educatori specializați în acest sector. Înființarea în 1983 a Asociației Naționale a Copiilor de Alcoolici (NACoA) a încurajat interacțiunile și diseminarea de informații. În 1977, au apărut primele grupuri de sprijin destinate copiilor proveniți din familii de alcoolici și deveniți adulți. În prezent, aceste grupuri numite pe scurt „ACA“ sau „ACoA“ sunt încă active și au publicat prima ediție a cărții lor de bază, așa-numita „Big Book“* (ACA, 2006).

În ultimele decenii, conceptul de „copil interior“ a reapărut și a început să se consolideze, atât în domeniul alcoolismului, cât și în cel al familiei și al psihoterapiei.

Psihoterapia

Psihoterapia a început să recurgă la conceptul de „copil interior“ odată cu descoperirea inconștientului uman, urmată de teoria traumei formulată de Freud. Însă Freud a renunțat rapid la aceasta în favoarea uneia mai puțin eficiente din punct de vedere clinic în vindecarea rănilor traumatice din copilărie: teoria impulsului (sau a instinctului) și complexul lui Oedip (Freud, 1964; Miller, 1983; 1984). În timp ce mulți dintre cei mai creativi și străluciți studenți și colegi ai lui Freud, precum Jung, Adler, Rank și Assagioli, nu au fost

* „Alcoolicii anonimi: cum s-au vindecat de alcoolism peste o sută de bărbați“, text din 1939 care prezintă vindecarea de alcoolism, numit „Big Book“ din cauza grosimii hârtiei folosite în prima ediție. (n.trad.)

de acord cu ultimele două teorii ale acestuia și au adus la rândul lor contribuții valoroase în domeniul psihoterapiei, treptat a prins contur noțiunea de „copil interior“ – sinele real sau adevărat. Contribuțiile lui Erikson, Klein, Horney, Sullivan, Fairbairn, Hartman, Jacobson și ale altora i-au permis pediatrului londonez Donald Winnicott să-și formuleze observațiile despre mame, bebeluși și copii. Acestea includeau detalii despre sinele real sau adevărat, care este copilul nostru interior și care joacă un rol fundamental în viața noastră, ajutându-ne *să ne simțim* vii.

Pornind de la literatura psihanalitică – mai ales de la scrierile lui Freud și Winnicott –, de la observațiile asupra pacienților ei și de la lectura unor lucrări despre abuzurile asupra copiilor, în 1979 psihanalista Alice Miller a început să integreze tratamentul abuziv și neglijarea copiilor cu psihoterapia analitică. Dar în cele trei cărți ale ei se referă doar de două ori la alcoolism văzut ca o condiție parentală majoră ce predispune la vătămarea copilului interior. Nu o judec în niciun fel, întrucât cred că a avut parte de o educație incompletă, la fel ca mine și ca majoritatea specialiștilor din domeniu, adică, în esență, nu are o pregătire în efectele alcoolismului și ale traumelor din copilărie văzute ca procese primare (Whitfield, 1980). De fapt, pregătirea noastră inițială nega mai degrabă aceste două afecțiuni medicale comune.

Afecțiuni medicale

O altă contribuție la vindecarea copilului interior este rezultatul folosirii psihoterapiei de grup și a vizualizării ghidate ca tratament adjuvant al pacienților cu cancer. Descoperind că mulți pacienți oncologici își neglijau îndeplinirea nevoilor și exprimarea trăirilor, Mathews, Simonton și alții (1983) au descris mai multe metode de a remedia aceste situații. Alți profesioniști din domeniul medicinei încep să utilizeze metode similare în tratarea bolilor de inimă și a altor afecțiuni potențial fatale (Dossey, 1984; Felitti *et al.*, 1998). Sunt de părere că principiile și tehnicile de vindecare a copilului nostru interior pot avea aplicații importante și utile în direcția ameliorării tuturor bolilor și suferințelor.

Spiritualitatea

Ultimul domeniu care leagă cele de mai sus de conceptul copilului interior este acela al spiritualității. Această metodă adjuvantă este folosită în mod eficient în domeniul alcoolismului și cel al familiilor alcoolicilor. Diverși psihoterapeuți și medici încep să-i recunoască valoarea (Wilber, 1979, 1983; Whitfield, 1985; Wegscheider-Cruse, 1985; Vaughan, 1985; Gravitz și Bowden, 1987). Această carte face referire la spiritualitate – *nu* la religia organizată – mai ales în capitolul 15. Cred că spiritualitatea joacă un rol crucial în vindecarea deplină a oricărei afecțiuni medicale sau psihice, mai cu seamă în ceea ce privește descoperirea și, în ultimă instanță, eliberarea „copilului interior", a sinelui real și adevărat.

❖❖❖

Ce este de fapt „copilul interior"? Cum îl putem identifica, simți sau recunoaște? Ce relevanță are în vindecarea afecțiunilor menționate mai sus, precum și de alte maladii fizice, mental-emoționale și spirituale?

Capitolul 3

Ce este copilul interior?

Fiecare dintre noi are un „copil interior“, oricât ar părea acesta de distanțat, evaziv sau chiar înstrăinat. Copilul interior este acea parte din noi plină de viață și de energie, creativă și împlinită. El reprezintă sinele nostru adevărat – cine suntem noi în realitate. Horney, Masterson și alții îl numesc „sine real“. Unii psihoterapeuți, precum Winnicott și Miller, folosesc termenul „sine adevărat“. Unii medici și educatori – atât din domeniul terapiei alcoolismului și cel al familiei, cât și din afara acestora – îi spun tot „copilul interior“.

Sub influența părinților, a altor figuri de autoritate și a diverselor instituții (educaționale, politice, din domeniul religiei organizate, al presei și, în unele cazuri, chiar al psihoterapiei), cei mai mulți dintre noi învață să-și înăbușe sau renege copilul interior. Când această parte vitală a noastră nu e hrănită și nu i se permite să se exprime liber, apare un sine fals sau codependent. Voi descrie aceste două părți ale fiecăruia dintre noi în tabelul 1 (vezi pag. 37).

Copilul interior sau sinele real

În această carte folosesc în mod interșanjabil următorii termeni: „sine real“, „sine adevărat“, „copilul interior“, „copilul din interior“, „copilul divin“ și „sine superior“. A mai fost numit „sinele profund“ sau „miezul interior“ (James, Savary, 1977). Termenii de mai sus se referă la aceeași parte esențială din noi. Dacă ar fi s-o descriem într-un fel, ea reprezintă cine suntem când ne simțim total autentici, genuini sau dinamici.

Sinele nostru real este spontan, expansiv, plin de iubire, dornic să dăruiască și să comunice. El ne acceptă pe noi înșine și pe ceilalți. Simte orice, indiferent dacă e vorba despre emoții plăcute sau neplăcute. În plus, exprimă aceste emoții. Sinele nostru real ne acceptă sentimentele fără a le judeca sau a se teme de ele și le permite să existe ca un mod valid de a evalua și aprecia evenimentele din viață.

Tabelul 1. Câteva caracteristici ale sinelui real și ale sinelui fals

Sine real	Sine fals
Sine autentic	Sine neautentic, mască
Sine adevărat	Sine codependent, personaj
Sincer	Nesincer, prefăcut
Spontan	Face planuri și evoluează greu
Expansiv, afectuos	Încordat, temător
Generos, comunicativ	Reținut
Se acceptă pe sine și îi acceptă pe ceilalți	Invidios, critic, idealizat, perfecționist
Manifestă compasiune	Orientat spre alții, excesiv de conformist
Iubește necondiționat	Iubește condiționat
Simte emoțiile, inclusiv furia spontană și îndreptățită din momentul prezent	Își neagă sau își ascunde trăirile, inclusiv furia de lungă durată (resentimentele)
Asertiv	

Sine real	**Sine fals**
Intuitiv	Agresiv și/sau pasiv
Copilul interior	Rațional, logic
Capacitatea de a fi ca un copil	Scenarii părinte/adult exagerate; poate fi copilăros
Simte nevoia să se joace și să se distreze	Evită joaca și distracția
Vulnerabil	Se preface întotdeauna că e puternic
Puternic în adevăratul sens al cuvântului	Putere limitată
Încrezător	Neîncrezător
Îi place să fie hrănit	Evită să fie hrănit
Se abandonează	Controlează și se retrage
Îngăduitor cu sine	Afișează o superioritate morală
Deschis către inconștient	Blochează conținutul inconștientului
Își amintește Unitatea noastră	Uită de Unitatea noastră; se simte separat
E liber să evolueze	Tinde să acționeze în mod inconștient, repetând adesea tipare dureroase
Sine privat	Sine public

Copilul nostru interior este expresiv, asertiv și creativ. Poate fi copilăros, în sensul cel mai înalt și matur al cuvântului. Simte nevoia să se joace și să se distreze. Cu toate acestea, este vulnerabil, poate pentru că e atât de deschis și încrezător. Se abandonează sieși, altora și, în ultimă instanță, Universului. Însă este puternic în adevăratul sens al cuvântului (după cum vom discuta în capitolele 11 și 15). E îngăduitor cu sine, în sens pozitiv; îi face plăcere să primească și să fie hrănit. De asemenea, este deschis față de acea parte vastă și misterioasă din noi pe care o numim inconștientul nostru. Este atent la mesajele pe care le primim zilnic de la inconștient, precum vise, conflicte interioare și boli.

Fiind autentic, are libertatea de a crește. Iar spre deosebire de sinele nostru fals, sinele adevărat își amintește de Unitatea noastră cu ceilalți și cu Universul. Dar în cazul celor mai mulți dintre noi, sinele real este totodată sinele nostru privat. Cine știe de ce alegem să ne ascundem? Poate din frica de a nu fi răniți sau respinși. Unii au estimat că ne dezvăluim altora sinele nostru adevărat, în medie, doar 15 minute pe zi. Dintr-un motiv sau altul, avem tendința să nu dezvăluim această parte a noastră.

Când *suntem* sinele nostru real sau „acționăm de la nivelul lui", ne simțim plini de viață. Chiar dacă experimentăm durere, tristețe, vinovăție sau furie, ne simțim *vii* cu adevărat. Sau simțim bucurie, sub forma mulțumirii, a fericirii, a inspirației sau chiar a extazului. În ansamblu, avem tendința să ne simțim prezenți, compleți, desăvârșiți, reali, întregi la trup și la minte.

Copilul nostru interior se manifestă în mod natural din clipa în care ne naștem până în clipa morții, în toate perioadele și etapele de tranziție. Nu e nevoie să facem ceva special pentru a fi sinele nostru adevărat. Acesta există, pur și simplu. Dacă îl lăsăm, se va exprima fără să facem un efort deosebit. De obicei facem eforturi pentru a nega conștiința sinelui real și manifestarea lui.

Sinele nostru fals

Pe de altă parte, există o parte a noastră care în general se simte nelalocul ei, tensionată sau neautentică. Cu privire la ea folosesc în mod interșanjabil termenii următori: „sine fals", „sine codependent", „sine nonautentic sau public".

Sinele nostru fals este o mască. E inhibat, încordat și temător. Este eul nostru egocentric și superegoul, care face planuri și muncește în mod constant, mereu egoist și reținut. Este invidios, critic, idealizat și perfecționist; învinuiește și umilește.

Înstrăinat de sinele real, sinele nostru fals este orientat asupra celor din jur; se concentrează pe ce *crede* că vor alții de la el; este supraconformist. Oferă iubire doar în mod condiționat. Își ascunde sau neagă trăirile. Chiar și în aceste condiții, e posibil să fabrice emoții false, așa cum se întâmplă adesea când răspundem la „Ce mai faci?" cu superficialul „Bine". Acest răspuns rapid este deseori necesar sau util pentru a ne apăra de conștientizarea înfricoșătoare a sinelui fals, care fie nu știe cum se simte, fie știe, dar și-a cenzurat trăirile, considerându-le „greșite" sau „rele".

În loc să se afirme într-un mod sănătos, precum sinele real, sinele fals este adesea agresiv și/sau pasiv în mod inadecvat.

Sinele nostru fals tinde să fie „părintele critic", ca să folosim terminologia din analiza tranzacțională. Evită să se joace și să se distreze. Se preface că e „tare" sau chiar „puternic". Însă puterea lui e minimă sau inexistentă; în realitate, de obicei e temător, neîncrezător și distructiv.

Întrucât simte nevoia să se retragă și să dețină controlul, sinele fals renunță la a hrăni sau a fi hrănit. Nu se poate abandona. Afișează o superioritate morală și încearcă să blocheze informațiile care vin din inconștient. Chiar și așa, tinde să acționeze inconștient, repetând deseori tipare dureroase. Întrucât uită de Unitatea noastră, se simte separat. Este sinele nostru public – cine cred alții sau chiar cine credem noi că ar trebui să fim.

În cea mai mare parte a timpului, când jucăm rolul sinelui fals, ne simțim incomod, amorțiți, goi pe dinăuntru sau într-o stare artificială ori tensionată. Nu ne simțim *autentici, compleți, întregi sau echilibrați*. La un nivel sau altul, avem impresia că e ceva în neregulă, că lipsește ceva.

În mod paradoxal, deseori ni se pare că acest sine fals este starea noastră naturală, modul în care „ar trebui să fim". Poate fi vorba despre dependența sau atașamentul nostru de a fi astfel. Ne obișnuim atât de mult să fim sinele nostru fals, încât sinele nostru real se simte vinovat, ca și cum ar fi ceva în neregulă, ca și cum n-ar trebui să ne simțim vii și autentici. Simplul gând de a schimba acest lucru ni se pare înfricoșător.

Acest sine fals sau codependent pare să fie o trăsătură universală a speciei umane. A fost descris sau menționat de nenumărate ori în texte și în viața cotidiană. A fost numit în diferite moduri, precum „instrument de supraviețuire", „psihopatologie", „sine egocentric" și „sine compromis sau defensiv" (Masterson, 1985). Poate avea un efect distructiv asupra noastră, a altora și a relațiilor intime. Însă este o sabie cu două tăișuri. Uneori poate fi util. Dar cât de util? Și, mai exact în ce împrejurări? Următoarea poezie de Charles C. Finn descrie multe dintre conflictele cu sinele nostru fals.

Te rog să auzi ce nu spun

Nu te lăsa păcălit de mine.
Nu te lăsa păcălit de chipul ce-l port.
Fiindcă port o mască, o mie de măști,
pe care mă tem să le scot,
și niciuna dintre ele nu sunt eu.
Arta prefăcătoriei îmi este a doua natură,
dar nu te lăsa păcălit.

Pentru numele Domnului, nu te lăsa păcălit.
Îți dau impresia că sunt sigur pe mine,
că totul e calm și netulburat, în interior și în exterior,
că am încredere deplină și un calm desăvârșit,
că apele sunt liniștite și sunt stăpân pe mine,
că n-am nevoie de nimeni.
Dar să nu mă crezi.
Chiar dacă par calm la suprafață,
aceasta e doar masca mea,
etern schimbătoare și etern ascunsă.
Sub ea nu e niciun strop de mulțumire de sine.
Sub ea găsești doar confuzie, frică și singurătate.
Dar ascund asta. Nu vreau să știe nimeni.

Intru în panică la gândul că slăbiciunea și frica
mi-ar putea fi deconspirate.
De aceea creez cu frenezie o mască sub care să mă ascund,
o fațadă sofisticată și nonșalantă,
care mă ajută să mă prefac,
să mă feresc de privirile cunoscătoare.
Dar tocmai o astfel de privire este salvarea mea,
singura mea speranță, iar eu știu asta.
Însă doar dacă e urmată de acceptare,
doar dacă e urmată de dragoste.
E singurul lucru care mă poate elibera de mine însumi,
de pereții închisorii pe care singur mi-am construit-o,
de barierele pe care le-am ridicat
cu atâtea eforturi dureroase.
E singurul lucru care mă poate convinge
de ceea ce nu mă pot convinge,
că valorez cu adevărat ceva.
Dar nu-ți spun asta. Nu îndrăznesc. Mi-e frică.

Mă tem că privirea ta nu va fi urmată de acceptare,
nu va fi urmată de iubire.
Mă tem că vei avea o părere proastă despre mine,
că vei râde,
iar râsul tău m-ar ucide.
Mă tem că în sinea mea nu sunt nimic,
că nu sunt bun de nimic,
că tu vei vedea asta și mă vei respinge.

Așa că îmi joc jocul, jocul disperat al prefăcătoriei,
cu o fațadă de siguranță în exterior
și un copil care tremură în interior.
Așa începe parada strălucitoare, dar goală a măștilor,
iar viața mea devine un front de luptă.
Pălăvrăgesc cu tine pe tonul suav
al discuțiilor superficiale.
Îți povestesc totul despre ceea ce nu înseamnă nimic,
și nimic despre ceea ce e totul, tot,
despre ceea ce plânge înăuntrul meu.
Și-atunci, când repet aceleași lucruri,
nu te lăsa păcălit de ceea ce spun.
Te rog, ascultă cu atenție și încearcă să auzi ce nu spun,
ce mi-ar plăcea să pot spune,
ce trebuie să spun pentru a supraviețui,
însă nu pot spune.

Nu-mi place să mă ascund.
Nu-mi place să joc jocuri superficiale.
Vreau să renunț la ele.
Vreau să fiu autentic și spontan, să fiu eu însumi,
dar trebuie să mă ajuți.
Trebuie să întinzi mâna,

chiar dacă ți se pare că e ultimul lucru
pe care mi-l doresc.
Numai tu îmi poți alunga din ochi privirea goală
de cadavru care respiră.
Numai tu mă poți trezi la viață.
De fiecare dată când ești bun și blând și încurajator,
de fiecare dată când încerci să mă înțelegi
fiindcă îți pasă de mine,
inimii mele încep să-i crească aripi,
aripi foarte mici,
aripi foarte slabe,
și totuși aripi!
Puterea ta de a-mi trezi emoții
îmi dă viață.
Vreau să știi asta.
Vreau să știi cât ești de important pentru mine,
că poți să fii un creator – un creator autentic –
al persoanei care sunt eu
dacă vrei.
Doar tu poți dărâma zidul în spatele căruia tremur,
doar tu îmi poți scoate masca,
doar tu mă poți elibera din lumea mea umbrită
de panică și nesiguranță,
din închisoarea mea singuratică,
dacă vrei.
Te rog să vrei. Nu mă ignora.
N-o să-ți fie ușor.

Convingerea îndelungată că sunt lipsit de valoare
ridică ziduri groase.
Cu cât mai mult te apropii de mine,
cu atât mai dur e posibil să ripostez.

E irațional, dar în pofida a ceea ce spun cărțile
despre om,
deseori sunt irațional.
Mă împotrivesc însuși lucrului pe care mi-l doresc.
Dar mi se spune că dragostea
e mai puternică decât zidurile,
iar asta e speranța mea.
Te rog, încearcă să dărâmi acele ziduri
cu mâini ferme,
dar pline de blândețe,
pentru că un copil
e foarte sensibil.

Poate te întrebi cine sunt eu?
Sunt cineva pe care-l cunoști foarte bine.
Sunt fiecare bărbat ce-ți iese-n cale
și fiecare femeie pe care-o întâlnești.

Capitolul 4

Cum ne inhibăm copilul interior

Cum ne înăbușă sau reneagă copilul interior părinții noștri și alte persoane sau instituții cu autoritate, precum sistemul educațional, religia organizată, politica, presa și chiar specialiștii care ar trebui să ne ajute? Cum ne putem da seama dacă *noi* am fost afectați de asta? Ce factori sau condiții i-au determinat pe părinții noștri și pe alții să ne inhibe sinele real?

Câteva nevoi umane

În condiții ideale, copilul interior crește și se dezvoltă doar dacă ne sunt îndeplinite anumite nevoi. Inspirându-mă de la autori precum Maslow (1962), Weil (1973), Miller (1983, 1984) și Glasser (1985), am alcătuit o listă ierarhică de 20 de factori sau condiții pe care le numesc „nevoi umane" (vezi tabelul 2). Aproape toate sunt asociate cu relația noastră cu noi înșine și cu oamenii din jurul nostru.

Din câte se pare, pentru a ne desăvârși întregul potențial, trebuie ca majoritatea acestor nevoi să fie satisfăcute. Când creștem într-un mediu care nu ne oferă această posibilitate, nu ne dăm seama că nevoile noastre n-au fost și nu sunt satisfăcute. Deseori ne simțim confuzi și suferim de nefericire cronică.

Supraviețuire, siguranță și protecție

Un nou-născut are nevoie de atâta atenție, încât supraviețuirea lui depinde de prezența unei persoane capabile să-i satisfacă multiple necesități, doar pentru simpla supraviețuire. La nivelul minim, acestea includ siguranța și protecția.

Tabelul 2. O ierarhie a nevoilor umane
(compilație în parte după Maslow, 1962; Miller, 1981; Weil, 1973; Glasser, 1985)

---

1. Supraviețuire
2. Siguranță
3. Atingere, contact fizic
4. Atenție
5. Oglindire și ecou
6. Îndrumare
7. Ascultare
8. Autenticitate
9. Participare
10. Acceptare
    Alții sunt conștienți de sinele tău real, îl iau în serios și îl admiră
    Libertatea de a fi cine ești cu adevărat
    Toleranță față de trăirile noastre
    Validare
    Respect
    Apartenență și iubire
11. Ocazia de a ține doliu după pierderile suferite și de a evolua
12. Sprijin
13. Loialitate și încredere
14. Realizări
    Stăpânire a unei abilități, autoritate, „putere“, „control“
    Creativitate
    Un sentiment de împlinire
    Contribuție
15. Schimbarea stării de conștiință, transcenderea nivelului de existență obișnuit

16. Sexualitate
17. Distracție, amuzament
18. Libertate
19. Grija față de alții
20. Iubire necondiționată (inclusiv conectarea cu o Forță Superioară)

Atingerea

Din studiile realizate de Spitz, Montague, Peace și alții, știm cât de important este rolul pe care-l joacă atingerea în rândul nevoilor umane. Bebelușii privați de contact fizic nu se dezvoltă așa cum trebuie, chiar dacă au parte de hrană și protecție. Atingerea are efectele cele mai puternice când are loc un contact corespunzător la nivelul pielii. Experimentele pe iepuri care au primit o alimentație ce favoriza apariția aterosclerozei (îngroșarea pereților arteriali) au arătat că iepurii care erau ținuți în brațe și mângâiați de lucrătorii din laborator riscau mai puțin să fie afectați de această boală. Pe de altă parte, iepurii care nu erau ținuți în brațe și mângâiați aveau tendința să se îmbolnăvească de ateroscleroză (Dossey, 1985).

Din câte se pare, pentru a simți că suntem conectați cu ceilalți și că acestora le pasă de noi, e necesar să fim atinși și îmbrățișați. Virginia Satir sugerează că pentru a ne păstra o stare de sănătate bună avem nevoie de patru până la douăsprezece îmbrățișări pe zi.

Atenția

Un copil are nevoie de atenție. Mama sau o altă persoană cu atribuții parentale trebuie să-i acorde atenție copilului sau bebelușului astfel încât să-i satisfacă măcar nevoia de siguranță, protecție și atingere fizică.

Oglindirea și ecoul

Satisfacerea acestei nevoi este începutul validării copilului, bebeluș sau chiar adult, ca ființă care simte și gândește. Oglindirea are loc atunci când mama reacționează nonverbal, prin expresii faciale, postură, sunete și alte mișcări, astfel încât copilul să-și dea seama că este înțeles.

Dacă mama sau altă persoană cu atribuții parentale nu-i poate satisface copilului aceste câteva nevoi fundamentale, cel mai probabil creșterea lui fizică, mental-emoțională și cea spirituală vor fi afectate. Unul dintre motive ar putea fi acela că mama însăși este atât de secătuită emoțional, încât își folosește bebelușul pentru a-și satisface propriile nevoi neîmplinite. Într-un mod de-a dreptul surprinzător, bebelușii simt că mama lor are nevoi nesatisfăcute, putând chiar să-i detecteze nevoile *specifice* și *să încerce să i le împlinească*. Desigur, asta are un preț major: negarea, înăbușirea și inhibarea sinelui adevărat al bebelușului sau a copilului interior. Iar prețul crește pe măsură ce copilul devine adult, ducând la dureri și suferințe fizice, mental-emoționale și spirituale.

Îndrumarea

Îndrumarea, o altă formă de a-l ajuta pe bebeluș sau copil să crească și să se dezvolte, poate consta în sfaturi, asistență și alte metode de ajutor verbal sau nonverbal. De asemenea, ea înseamnă a-i oferi copilului un model și a-l învăța o serie de abilități sociale adecvate și sănătoase.

Ascultarea, participarea și acceptarea

E bine să știm că există cineva care ne aude, chiar dacă nu ne și înțelege întotdeauna. În această ierarhie a nevoilor, pozițiile 9–20 sunt asociate cu diverse tipuri de ascultare din ce în ce mai profunde, inclusiv participarea împreună cu copilul la activități adecvate și *acceptarea* sinelui (a copilului interior al) bebelușului, copilului și ulterior al adultului. Mama sau altă persoană cu atribuții parentale este conștientă de sinele real al celuilalt, luându-l în serios și apreciindu-l. Își manifestă acceptarea prin faptul că respectă, validează și tolerează *sentimentele* sinelui real al persoanei. Acest lucru îi oferă copilului interior libertatea de a fi sinele său autentic și de a evolua.

Poate că în acest moment cititorii își dau seama că unele dintre propriile lor nevoi n-au fost – și, poate, nu sunt nici în prezent – satisfăcute. Însă n-am ajuns decât la jumătatea acestei ierarhii a nevoilor umane.

Ocazia de a ține doliu după pierderile suferite și de a evolua

Ori de câte ori suferim o pierdere – fie că a avut loc în realitate, fie există amenințarea unei pierderi – e necesar să parcurgem un proces de doliu: să lucrăm cu durerea și suferința pe care le declanșează această pierdere. Pentru asta e nevoie de timp. De fiecare dată când parcurgem procesul de doliu până la capăt, evoluăm. Acest proces de doliu și evoluție constituie una dintre temele majore ale cărții de față.

Sprijinul

Sprijinul înseamnă că prietenul sau custodele nostru nu ne va bloca procesul de căutare, strângere de informații și formare a sinelui real și va face tot ce-i stă în putință pentru ca sinele real să-și împlinească întregul potențial. Printre altele, presupune luarea tuturor măsurilor posibile pentru ca sinele real să-și realizeze potențialul.

Loialitatea și încrederea

Sprijinul se bazează pe loialitatea și încrederea ambelor persoane implicate. Nu putem trăda pe termen lung sinele real al altcuiva fără ca relația dintre noi să fie grav afectată. Pentru a crește, copilul interior trebuie să *simtă* că alții au încredere în el și că, la rândul său, poate avea încredere în alții.

Realizările

La un nivel primar, a realiza ceva implică „împuternicire“ „putere“, „control“ sau „a fi stăpân pe situație“ – convingerea că putem îndeplini misiunea respectivă. La un nivel superior, asta nu înseamnă doar s-o ducem la bun sfârșit, ci și să fim conștienți de faptul că a fost dusă la bun sfârșit. Poate cel mai înalt nivel în privința realizărilor noastre este sentimentul că *am avut* o contribuție, ceea ce dă un sens muncii noastre.

Unor oameni care au crescut într-o familie cu probleme sau disfuncțională le este greu să ducă la bun sfârșit o sarcină sau un proiect ori să ia decizii. Motivul este că nu au practicat asta suficient sub îndrumarea și cu sprijinul cuiva important pentru ei. Alte persoane din familii disfuncționale pot avea realizări deosebite în unele domenii, precum educația sau domeniul lor profesional, dovedindu-se incapabile în altele, cum ar fi relațiile intime.

Conștiința modificată, distracția și amuzamentul

Etichetarea ca nevoie umană a modificării stării de conștiință este oarecum controversată, având în vedere părerea larg răspândită că această modificare presupune consumul de alcool sau droguri ce ne schimbă dispoziția (Weil, 1973). În realitate, se pare că avem o nevoie înnăscută – poate chiar biologică – de a ne modifica periodic starea de conștiință, visând cu ochii deschiși, râzând, practicând un sport, dormind sau concentrându-ne pe un proiect. O nevoie strâns asociată cu aceasta, care implică tot modificarea stării, este nevoia de distracție sau amuzament. Multor copii proveniți din familii disfuncționale le este greu să se relaxeze și să se distreze. Capacitatea de a fi spontan și a se juca este o nevoie și o caracteristică a copilului interior.

Sexualitatea

Deseori, sexualitatea nu este menționată în rândul nevoilor umane. Prin sexualitate nu înțeleg doar actul sexual propriu-zis, ci o gamă întreagă de posibilități, de la a ne simți bine ca bărbat sau femeie până la a ne bucura de diferite aspecte ale faptului că suntem ființe sexuale și a-l descoperi pe bărbatul (animus) din sufletul femeii sau pe femeia (anima) dinăuntrul bărbatului.

Multe persoane care au crescut în familii disfuncționale pot avea probleme în privința identității lor sexuale, a funcționării pe plan sexual sau a plăcerii sexuale. Unii dintre noi au fost abuzați sexual, fățiș sau pe ascuns.

Libertatea

Libertatea de a risca, a explora și a face ce este spontan și necesar reprezintă o altă nevoie umană. Libertatea este însoțită de responsabilitate. De exemplu, spontaneitatea tinde să fie sănătoasă, pe când impulsivitatea ne poate face să acționăm împotriva propriului interes.

A purta de grijă altora

Penultima dintre nevoile umane în ordinea importanței este nevoia de a purta de grijă altora; în orice împrejurare, e bine să îndeplinim cuiva unele dintre nevoile de mai sus sau chiar pe toate. Însă cel care oferă trebuie să fie capabil să dăruiască, iar cel care primește trebuie să fie capabil să se detașeze și să se abandoneze, pentru a primi. Conform observațiilor mele asupra pacienților, familiilor lor și altor persoane, această reciprocitate se întâlnește rareori în interacțiunile umane.

Nu este treaba copilului să le poarte de grijă părinților, iar când acest lucru se întâmplă în mod repetat, reprezintă o formă subtilă de abuz sau neglijare a copilului.

Iubirea necondiționată

Ultima nevoie este cea de iubire necondiționată – un concept greu de înțeles pentru mulți dintre noi. Voi spune mai multe despre această nevoie în capitolul 15.

Părintele neîmplinit

Rareori avem parte de o mamă, o altă persoană cu atribuții parentale sau un prieten apropiat care să fie *capabil* să ne ajute să ne împlinim toate nevoile – și cu atât mai puțin de cineva care să ni le satisfacă. De obicei nu avem acces la o asemenea persoană. (De fapt, uneori, a rămâne însărcinată și a duce sarcina la termen reprezintă o nevoie primordială a mamei.) Astfel, în procesul de recuperare, ținem doliu pentru faptul că nu ne-au fost îndeplinite toate nevoile în copilărie sau chiar la vârsta adultă. Poate fi util să ținem doliu și pentru situația opusă – când am primit lucruri pe care nu le doream sau de care nu aveam nevoie, precum abuzurile sau violențele. Voi prezenta mai aprofundat procesul de doliu în capitolele 11 și 12.

Multe mame, mulți tați sau alte persoane cu atribuții parentale sunt neputincioase pe plan mental și emoțional. Un motiv probabil este că nevoile lor n-au fost satisfăcute în copilărie și/sau la vârsta adultă. Prin urmare, au tendința să se folosească de alții în moduri nesănătoase și nepotrivite pentru a-și satisface aceste nevoi. Vor folosi în mod inconștient pe oricine aflat în imediata lor apropiere, în mediul în care trăiesc, inclusiv pe bebeluși și copii (Miller, 1983). Pentru a supraviețui, copilul care nu-și poate dezvolta un sine adevărat puternic își creează un sine fals exagerat sau codependent.

❖❖❖

La prima vedere, pare de neconceput ca o mamă să se folosească de un nou-născut vulnerabil și neajutorat pentru a-și satisface propriile nevoi. Însă acest fenomen survine în mod repetat în multe dintre familiile cu probleme sau disfuncționale.

În capitolul următor voi descrie situațiile unor părinți și ale unor familii care favorizează confuzia, regresia și mersul într-o direcție greșită.

Capitolul 5

Factori parentali care tind să inhibe copilul interior

Cum poate o mamă, un alt personaj parental sau, mai târziu în viață, un prieten apropiat *să ne ajute să ne împlinim* o bună parte dintre *nevoile noastre*? În general, o persoană este capabilă de asta dacă i-au fost îndeplinite nevoile în copilărie și/sau dacă, la vârsta adultă, a parcurs un proces de vindecare a propriului său copil interior și a învățat cum să-și împlinească nevoile.

Există însă situații în care satisfacerea nevoilor nu e posibilă. Cu cât părintele sau familia se află într-o situație mai grea sau mai defavorizată, cu atât sunt șanse mai mici ca nevoile copilului să fie îndeplinite. Aceste situații parentale sunt menționate în tabelul 3. Cuvântul „parental" nu se referă *doar la părinți*, ci și la *frați/surori* sau alte persoane, iar în cazul unui copil mai mare și al unui adult se referă la *orice persoană apropiată* sau *care ne influențează*.

Alcoolism și dependențe de alte substanțe

Alcoolismul și dependențele de alte substanțe reprezintă o serie de probleme sau dificultăți repetate care sunt asociate cu consumul de alcool sau de droguri. Problemele se pot manifesta într-unul sau mai multe planuri, precum cel relațional, educațional, legal, financiar, profesional, spiritual și al sănătății.

În general, copiii alcoolicilor și alți membri ai familiei *nu sunt conștienți* că părintele lor sau un alt membru al familiei este alcoolic sau dependent de droguri. Black (1984) estimează că aproape jumătate dintre copiii adulți ai alcoolicilor neagă faptul că unul dintre părinți avea probleme cu alcoolul. Iar până la 90% dintre cei care devin ei înșiși alcoolici sau dependenți de o altă substanță nu pot identifica o asemenea problemă la propriii părinți. Neconștientizarea unei cauze majore a haosului din familie are ca rezultat o consimțire inutilă, amplă și distructivă, precum și sentimente de vinovăție și autoblamare în rândul membrilor familiei.

Tabelul 3. Factori parentali asociați cu dinamicile copiilor adulți ai alcolicilor și ai altor familii disfuncționale

Alcoolism

Dependență de o altă substanță

Codependență (nevroză) – vezi tabelul 4

Boli mintale cronice și Disfuncții fizice

Rigiditate extremă, comportament punitiv, înclinat spre judecată, perfecționist, lipsit de afecțiune, sentiment de inadecvare

Abuz în copilărie – fizic, sexual, mental-emoțional, spiritual

Alți factori precum cei asociați cu tulburarea de stres posttraumatic

Pentru orice cititor care își pune întrebări despre obiceiul unui părinte sau al altei rude de a consuma alcool sau alte droguri poate fi util să răspundă la următorul chestionar privind consumul de alcool în familie. (Dacă nu mai locuiți cu respectivul membru al familiei sau dacă acesta a decedat, încercați să răspundeți la întrebări ca și cum încă ați trăi cu el. Dacă problema este consumul de *droguri,* înlocuiți „consum de alcool“ cu „consum de droguri“.)

Chestionar privind consumul de alcool în familie

	Da	Nu
1. Aveți vreo persoană în familie care suferă schimbări ale personalității când consumă alcool în exces?	----	----
2. Aveți impresia că pentru această persoană băutura e mai importantă decât dumneavoastră?	----	----
3. Simțiți autocompătimire din cauza efectelor pe care credeți că le are alcoolul asupra familiei dumneavoastră?	----	----
4. S-a întâmplat ca un eveniment special să fie stricat din cauza consumului excesiv de alcool al unui membru al familiei?	----	----
5. Vi se întâmplă să ascundeți consecințele consumului excesiv de alcool al altcuiva?	----	----
6. V-ați simțit vreodată vinovat sau responsabil pentru consumul de alcool al unui membru al familiei?	----	----
7. Consumul de alcool al unui membru al familiei duce la certuri sau bătăi?	----	----
8. Ați încercat vreodată să vă luați la întrecere cu alcoolicul bând împreună cu el?	----	----
9. Alcoolismul unor membri ai familiei vă provoacă depresie sau furie?	----	----
10. Familia dumneavoastră are dificultăți financiare din cauza alcoolului?	----	----

11. Ați simțit vreodată că ați avut o viață de familie nefericită din cauza consumului de alcool al unor membri ai familiei? ---- ----

12. Ați încercat vreodată să controlați comportamentul alcoolicului ascunzându-i cheile de la mașină, aruncând băutura în chiuvetă etc.? ---- ----

13. Vi se întâmplă să fiți distras de la activitățile dumneavoastră din cauza consumului de alcool al unui membru al familiei? ---- ----

14. Vă faceți adesea griji în legătură cu alcoolismul unui membru al familiei? ---- ----

15. Zilele libere sunt mai degrabă un coșmar decât o sărbătoare din cauza alcoolismului unui membru al familiei? ---- ----

16. Membrii familiei care beau au mai ales prieteni care consumă alcool în cantități mari? ---- ----

17. Vi se pare necesar să vă mințiți angajatorii, rudele sau prietenii pentru a ascunde faptul că aveți un membru al familiei alcoolic? ---- ----

18. Vă purtați diferit cu membrii familiei dumneavoastră atunci când aceștia consumă alcool? ---- ----

19. Vi s-a întâmplat să fiți stânjenit sau să simțiți nevoia să vă cereți scuze pentru faptele alcoolicului din familie? ---- ----

20. Consumul de alcool al unor membri ai familiei vă provoacă griji cu privire la propria siguranță sau la cea a altor persoane din familie? ---- ----

21. V-ați gândit vreodată că unul dintre membrii familiei dumneavoastră are o problemă cu alcoolul? ---- ----

22. Vi s-a întâmplat să nu puteți dormi fiindcă un membru al familiei a consumat alcool? ---- ----

23. V-ați încurajat vreodată un membru al familiei să renunțe la băutură sau să reducă doza? ---- ----
24. Ați amenințat vreodată că veți pleca de acasă sau că veți părăsi un membru al familiei din cauza obiceiului său de a consuma alcool? ---- ----
25. S-a întâmplat ca un membru al familiei să nu-și respecte o promisiune din cauza consumului de alcool? ---- ----
26. V-ați dorit vreodată să puteți discuta cu cineva capabil să înțeleagă și să vă ajute în ce privește alcoolismul unui membru al familiei? ---- ----
27. Vi s-a întâmplat vreodată să vă simțiți rău, să plângeți sau să aveți un nod în stomac din cauza grijilor legate de un membru al familiei care bea prea mult? ---- ----
28. Aveți vreun membru al familiei care nu și-a adus aminte ce s-a întâmplat într-o anumită perioadă în care a consumat alcool? ---- ----
29. Acel membru al familiei evită ocaziile speciale în care nu se servesc băuturi alcoolice? ---- ----
30. Membrul familiei are perioade de remușcări după ce bea peste măsură și își cere scuze pentru comportamentul său? ---- ----
31. Notați simptomele sau problemele nervoase cu care v-ați confruntat de când respectivul membru al familiei consumă alcool în exces. ----

---

Dacă ați răspuns „da“ la cel puțin 2 dintre întrebările de mai sus, e foarte posibil ca o persoană din familia dumneavoastră să aibă probleme cu băutura.

Dacă ați răspuns „da“ la cel puțin 4 dintre întrebările de mai sus, aceasta este un semn clar că un membru al familiei dumneavoastră are probleme cu băutura.

(Întrebările din chestionar sunt modificate sau adaptate după Testul de identificare a copiilor de alcoolici (Children of Alcoholics Screening Test – CAST) (Jones Pilat, 1983), Chestionarul familial Howard și Chestionarul privind consumul de alcool în familie al asociației Al-Anon. Se face referire la ele în Whitfield *et al.*, 1986.)

Codependența – Nevroza timpurilor noastre

Următorul factor este codependența, numită inițial „coalcoolism“ în anii '70. Codependența a devenit un termen mult mai cuprinzător de când au apărut în anii '80 cele cinci definiții prezentate în tabelul 4.

Codependența este o afecțiune caracterizată prin pierderea identității. Ea dă naștere unui cerc vicios care ne înăbușă sinele adevărat, copilul interior. *Este o consecință și un detaliu ce contribuie la* toți factorii parentali din tabelul 3.

Pentru început, putem defini codependența drept *orice suferință și/sau disfuncție care este asociată cu sau rezultă din focalizarea pe nevoile și comportamentul altora.* Codependenții devin atât de preocupați de persoanele importante din viața lor, încât își neglijează sinele adevărat. După cum afirmă Schaef (1986) în cartea ei *Co-Dependence* (*Codependența*), acest lucru conduce la un proces evolutiv de „netrăire“.

Codependența are proporții endemice în rândul oamenilor obișnuiți și poate să semene, să agraveze sau să fie asociată cu numeroase alte tulburări. Este un rezultat al faptului că cedăm responsabilitatea pentru viața și fericirea noastră sinelui nostru fals/egoului și altor persoane.

Tabelul 4. Câteva definiții ale codependenței

1) ... un tipar al dependenței exagerate de comportamente învățate, convingeri și trăiri care provoacă suferință. Este o dependență de oameni și lucruri din afara noastră, însoțită de neglijarea sinelui până în punctul în care ne pierdem, în mare măsură, propria identitate.

(Smalley, S., citat în Wegscheider-Cruse, 1985)

2) ... preocupare și dependență extremă (pe plan emoțional, social și, uneori, fizic) de o persoană sau un obiect. În cele din urmă, această dependență de o altă persoană devine o condiție patologică, ce afectează toate celelalte relații ale persoanei codependente. Poate afecta toate persoanele care (1) au o relație afectivă sau sunt căsătorite cu un alcoolic; (2) au unul sau mai mulți părinți sau bunici alcoolici; sau (3) au crescut într-o familie marcată de reprimare emoțională... Este o tulburare primară, care îi afectează pe toți membrii unei familii de alcoolici.

(Wegscheider-Cruse, 1985)

3) ... o stare de sănătate proastă, un comportament neadecvat sau problematic care este asociat cu traiul, munca sau oricare altă relație apropiată cu o persoană ce suferă de alcoolism (sau dependență de o altă substanță ori o altă tulburare cronică). Afectează nu doar persoane, ci și familii, comunități, afaceri, instituții și chiar societăți întregi.

(Whitfield, 1984; 1986)

4) ... un tipar de supraviețuire emoțional, psihologic și comportamental ce ia naștere ca urmare a expunerii prelungite și a practicării unui set de reguli opresive – reguli ce împiedică exprimarea deschisă a trăirilor, precum și discutarea directă a problemelor personale și interpersonale.

(Subby, 1984)

5) ... o afecțiune ce are multe forme și manifestări și este rezultatul unui proces de îmbolnăvire pe care eu îl numesc proces adictiv... Procesul adictiv este un proces de îmbolnăvire anormal ale cărui premise, convingeri, comportamente și lipsă de conștientizare spirituală conduc la un proces evolutiv de „netrăire"...

(Schaef, 1986)

Cum ia naștere codependența

Codependența începe cu reprimarea observațiilor, trăirilor și reacțiilor noastre. Alte persoane – deseori, părinții noștri – și, ulterior, *noi înșine* începem *să nu mai dăm crezare* acestor *indicii interne*, adesea cruciale.

De obicei, la începutul acestui proces, negăm un secret de familie sau de alt tip. Întrucât ne concentrăm atât de mult asupra nevoilor altora, începem să neglijăm propriile nevoi, iar în felul acesta ne înăbușim copilul interior.

Însă tot mai avem emoții, adesea dureroase. Deoarece le reprimăm în continuare, ajungem să tolerăm într-o măsură tot mai mare suferința emoțională. Deseori nu mai simțim nimic. Și pentru că ne inhibăm trăirile, suntem incapabili să jelim până la capăt pierderile cu care ne confruntăm în viața de zi cu zi.

Toate cele de mai sus ne blochează creșterea și dezvoltarea pe plan mental, emoțional și spiritual. Însă ne dorim să intrăm în contact cu sinele nostru adevărat și să-l cunoaștem. Constatăm că „remedii rapide" precum comportamentele compulsive ne permit să vedem frânturi ale sinelui nostru adevărat și să ne eliberăm de o parte din tensiuni. Însă, dacă acel comportament ne distruge pe noi sau pe alții, s-ar putea să ne fie rușine, ceea ce ne afectează stima de sine.

Din acel moment, vom simți că pierdem controlul din ce în ce mai mult și vom încerca să ne echilibrăm prin nevoia de a deține și mai mult control. În cele din urmă, ne simțim răniți și deziluzionați, iar deseori ne proiectăm suferința asupra altora.

Când ajungem în acel punct, vom fi acumulat atâtea tensiuni, încât ne putem îmbolnăvi de afecțiuni cauzate de stres, care se manifestă prin disconfort și dureri, adesea și prin disfuncția unuia sau mai multor organe. Suntem într-o stare avansată de codependență, care se poate deteriora și mai mult, ajungând la schimbări de dispoziție extreme, dificultăți în relațiile intime și nefericire cronică. În cazul celor care încearcă să se vindece de alcoolism, dependența de o altă substanță sau o altă afecțiune, această stare avansată de codependență le poate pune în cale piedici serioase.

Instalarea codependenței poate fi sintetizată în felul următor:

Evoluția codependenței

1. Negarea și reprimarea unor indicii interne – observații, trăiri și reacții.
2. Neglijarea propriilor nevoi.
3. Începem să ne înăbușim copilul interior.
4. Negarea unui secret de familie sau de altă natură.
5. Creșterea toleranței și a insensibilității față de suferința emoțională.
6. Incapacitatea de a ține doliu până la capăt după o pierdere.
7. Blocarea evoluției (pe plan mental-emoțional, spiritual).
8. Adoptarea unor comportamente compulsive pentru a reduce durerea și pentru a facilita ieșirea la suprafață a copilului interior.

9. Senzație tot mai accentuată de rușine și pierderea stimei de sine.
10. Impresia că nu deținem controlul. Nevoia de a controla mai mult.
11. Amăgire și proiectarea durerii.
12. Apariția unor boli legate de stres.
13. Agravarea tendințelor compulsive.
14. Deteriorare progresivă:
    Schimbări de dispoziție extreme.
    Dificultăți în relațiile intime.
    Nefericire cronică.
    Afectarea vindecării de alcoolism/dependențe de alte substanțe și alte tulburări.

Indiferent dacă am copilărit alături de o persoană codependentă sau suntem un adult care trăiește în preajma unei asemenea persoane, faptul că nu suntem conștienți de situație și nu dispunem de abilitățile necesare pentru a-i face față ne va afecta. Sinele nostru adevărat va fi înăbușit prin intermediul procesului descris în prima jumătate a acestei cărți.

Aspecte subtile ale codependenței

Codependența este una dintre cele mai comune tulburări care provoacă suferință și confuzie în lume. Poate avea manifestări subtile, caz în care e dificil de identificat. În continuare vă prezint povestea lui Karen, o femeie de 45 de ani ai cărei părinți au fost codependenți. Crescând alături de ei, a devenit și ea codependentă.

> „Când am aflat despre caracteristicile copiilor proveniți din familii de alcoolici și ajunși la vârsta maturității,

m-am regăsit în multe dintre ele. Așa că am tot căutat un alcoolic în trecutul familiei mele și n-am găsit. Am descoperit că trebuia să caut mai în profunzime, întrucât ambii mei părinți aveau multe dintre trăsăturile codependenței. De asemenea, tatăl meu era obsedat de muncă. Avea mare succes pe plan profesional. Însă își oferea timpul și energia tuturor, mai puțin familiei. Era primarul orașului nostru și mă simțeam vinovată când îi solicitam atenția. În copilăria mea, pur și simplu n-a fost lângă mine să mă ajute. Mama mea avea probleme cu mâncatul compulsiv, însă pe atunci nu știam asta. Nici ea nu era mama de care aveam nevoie. Ambii părinți m-au învățat să mă sacrific și să le fac altora pe plac.

Am fost căsătorită cu doi alcoolici, iar treptat am ajuns atât de preocupată de ei, încât îmi neglijam propriile nevoi și aveam senzația că-mi pierd mințile. Nu știam cum să le spun „nu" celorlalți. Întrucât totul mergea atât de prost, am încercat să îndrept lucrurile în singurul mod pe care-l cunoșteam: am început să muncesc mai mult, m-am dus din nou la facultate, mi-am asumat responsabilități până peste cap, eram hiperactivă. Și mi-am neglijat și mai mult nevoile. Eram deprimată, iar cu timpul m-am adâncit și mai mult în depresie, până când am ajuns să iau o supradoză de somnifere. Atunci am căzut cel mai jos.

Disperată, am sunat la Alcoolicii Anonimi și mi-au spus să merg la Al-Anon, ceea ce am și făcut. Am participat zilnic la întâlniri și mi-a plăcut. Au trecut șase ani de atunci și încă mai merg la o întâlnire pe săptămână. De asemenea, am făcut doi ani și jumătate de terapie de grup și câteva luni de terapie individuală. Toate acestea m-au ajutat foarte mult. Privind în urmă, am descoperit că programul de recuperare nu mă ajuta doar pe plan mental și emoțional, ci și pe plan spiritual. Am constatat că problema mea cea mai mare avea legătură cu mama, de care ajunsesem dependentă în privința felului în care trebuia să mă simt și să trăiesc. Eram atât de bolnavă, încât nu eram în stare să simt și să trăiesc pe cont propriu. Trebuia să mă uit la ceilalți ca să aflu cum trebuie să simt și să trăiesc. Eram furioasă pe mama pentru asta și pe tata fiindcă o susținea, dar și fiindcă nu fusese acolo când aveam nevoie de el. Și am ales doi soți care, fără voia lor, m-au încurajat să continui toate aceste tipare. Îmi pare atât de bine că m-am vindecat."

Povestea lui Karen ne prezintă unele dintre manifestările subtile ale codependenței. Începând din 1986, programul în 12 pași al Co-dependents Anonymous (CoDA) a ajutat nenumărate persoane să-și revină de pe urma efectelor ei dureroase.

Boli mintale cronice sau afecțiuni fizice cronice incapacitante

Bolile mintale cronice variază de la forme ușoare și subtile la forme evidente și incapacitante. Se referă la oricare dintre afecțiunile mintale și emoționale majore menționate și descrise în *DSM-IV* (*Manualul de diagnosticare și statistică al Asociației Americane de Psihiatrie*, ediția a patra).

Iată în continuare povestea Barbarei, o femeie de 56 de ani, căsătorită, cu patru copii și cu o carieră strălucită:

„Acum patru ani, am cerut, în sfârșit, ajutor. Eram deprimată din fragedă copilărie. La terapie, am aflat că mama mea suferise cea mai mare parte din viață de depresie cronică. Îmi aduc aminte de un moment, pe când aveam în jur de 25 de ani, și mi-a aranjat o întâlnire cu un bărbat cu care *ea* avea o aventură, pe când încă era căsătorită cu tatăl meu și locuiau împreună. M-am simțit tare prost să ies cu el. Tatăl meu fusese rece și distant, atât cu mine, cât și cu mama. Mai târziu, când mama a fost spitalizată fiindcă luase o supradoză de somnifere, am aflat că tata fusese impotent în cea mai mare parte a căsniciei lor. Firește, acesta era un «secret de familie». De când mă știu, am crezut că *eu eram de vină* pentru atitudinea rezervată a tatălui meu și depresia cronică a mamei; simțeam foarte multă rușine și vinovăție în legătură cu asta. În copilărie am supraviețuit fiind ascultătoare, luând note bune la școală și focalizându-mi atenția asupra mamei mele.

Mi-am asumat rolul de îngrijitoare. În adolescență, mă duceam la bibliotecă și citeam tot ce găseam în domeniul psihologiei, dorindu-mi să-mi vindec părinții. În cursul ședințelor de psihoterapie, reflectând la viața mea, mi-am dat seama că mă contopisem cu mama, că eram atât de strâns legate, încât efectiv mă trezeam dimineața și nu știam cum mă simțeam până când nu verificam cum se simțea ea. De asemenea, mi-am dat seama că răceala și indiferența tatei n-aveau nicio legătură cu strădaniile sau cumințenia mea, ci doar cu el însuși. Am aflat că nu mai trebuia să fiu o victimă. De atunci mă simt mai bine în general și îmi merge mai bine. Fac eforturi în continuare să mă eliberez de vechile probleme".

Cerând ajutor, Barbara a reușit să-și dea seama cum a fost afectat sinele ei adevărat de copilăria petrecută într-o familie cu probleme, iar acum este într-un stadiu avansat de vindecare.

Rigiditate extremă, comportament punitiv, înclinat spre critică, perfecționist, lipsit de afecțiune, sentiment de inadecvare

Deși sinele adevărat al multor persoane a fost inhibat în mare măsură, natura exactă a „problemei“ din familie nu e ușor de identificat sau etichetat. De exemplu, e destul de ușor să ne dăm seama că un membru al familiei suferă de alcoolism avansat, fiindcă bate la ochi. Dar o problemă mai puțin evidentă e mai greu de recunoscut. Am observat și tratat sute de copii adulți din familii cu alcoolism sau alte traume pe parcursul îndelungatei lor perioade de recuperare.

Cathy era o femeie de 32 de ani care crescuse într-o familie disfuncțională. În familia ei nu erau alcoolici, însă Cathy s-a înscris și a făcut progrese remarcabile într-un grup de terapie pentru copii adulți ai alcoolicilor al cărui cofondator eram. Este o exponentă a numărului tot mai mare de „copii adulți din familii cu probleme sau disfuncționale“ sau „copii adulți traumatizați“ având un trecut, o viață și niște suferințe relativ asemănătoare cu cele ale copiilor alcoolicilor, ajunși la maturitate. Când se afla cam la jumătatea perioadei de recuperare, a scris următoarele despre viața ei:

> „Părinții mei au adoptat filozofia «ce-o să creadă lumea?» În public afișam imaginea «familiei perfecte»; toți eram foarte amabili unii cu alții. Acasă în schimb, în loc să zâmbească, să stea de vorbă și să glumească, tata se retrăgea complet, fizic, verbal și emoțional, iar mama era disperată după atenție.
>
> Mereu aveam sentimentul că «mă pregăteam» pentru ceva... mereu aveam o grămadă de sarcini casnice de rezolvat. Eram cel mai fericită când mă implicam

într-una dintre aceste treburi: atunci aveam un rol. Și am învățat de timpuriu să-mi înăbuș tensiunile anticipând ce era de făcut în continuare, ca să-i fie mamei mai ușor. Am făcut eforturi conștiente ca să nu am nevoie de nimic de la nimeni, în speranța de a reduce stresul.

Tata fie nu era acasă, fie dormea. Parcă nici n-ar fi locuit acolo. Nu-mi amintesc să fi interacționat cu el decât de la distanță: mi-era frică de el, deși nu era niciodată violent, verbal sau fizic. Mi-am format un sentiment neutru față de tata și emoții foarte puternice față de mama: trebuia «să am grijă» de ea – să n-o deranjez, să nu-i fac probleme, să anticipez cum anume voia să mă port. Mai târziu, asta s-a transformat într-o ură intensă față de ea din cauza distanței pe care o punea între tata și mine. În cea mai mare parte a vieții mele de adult, am oscilat între a-i face pe plac și a mă revolta puternic față de dorințele ei în ceea ce mă privea. Fiind al cincilea copil din șase, mi-aduc aminte foarte clar că uneori tata nici nu știa care dintre ei eram. În afara casei, muncea obsesiv. Iar mama se ocupa în mod compulsiv de treburile casei. Acum încerc să intru în contact cu unele dintre sentimentele mele pentru tata. Îmi amintesc că îmi trăiam viața în tăcere, sperând să nu mă vadă nimeni și, în același timp, tânjind după atenția cuiva, *a oricui*. Eram supraponderală și mereu încercam să slăbesc, să mă ascund din cauza felului în care arătam.

Mi-am continuat viața retrasă și în liceu, simțindu-mă protejată și în siguranță ori de câte ori eram acasă. Aveam senzația că nu voiam să fiu departe de casă. Nu eram ca frații și surorile mele, care ieșeau să facă sport, să meargă la spectacole, să stea de vorbă etc. Acest tipar a continuat și în timpul facultății. În campus nu aveam un loc unde să mă simt în siguranță, iar greutatea corporală a devenit o mare problemă. Nu aveam o direcție clară în viață și am fost la trei facultăți, obținând o diplomă de studii universitare de doi ani.

Viața mea de adult se reducea la supraviețuire. Nu aveam capacitatea de a lega și întreține relații. Mă despărțeam de orice bărbat cu care mă vedeam. Îmi schimbam mereu colegele de cameră. Plecam de la locul de muncă atunci când începeam să am probleme cu șefii. La nivel inconștient, mă țineam la distanță de familia mea. Am devenit bulimică pentru a-mi controla creșterea în greutate. Mă întâlneam cu bărbați care erau exact pe dos decât și-ar fi dorit mama. Am început să fumez și să beau pentru a-mi declara «gândirea independentă».

Sufeream de depresie cronică, eram izolată și mâncam prea mult sau țineam diete în mod compulsiv. Voiam ca oamenii să creadă că eram stăpână pe viața mea și nu aveam nevoie de nimic de la nimeni, dar în interiorul meu eram atât de neputincioasă, încât ori de câte ori aveam un prieten, mă așteptam ca acea persoană să-mi aducă împlinirea.

Am ajuns la Overeaters Anonymous cu trei ani și jumătate în urmă, devastată din cauza episoadelor repetate de mâncat compulsiv urmat de încercări nesănătoase de a scădea în greutate, iar de un an n-am mai mâncat în exces. Am început să particip la un grup de terapie ACoA și mă simt în largul meu acolo, tot așa cum mă simțeam și în grupul Overeaters Anonymous. Oamenii aceia erau la fel ca mine, iar eu eram ca ei. Dar mi-am dat seama repede că procesul de vindecare este extrem de dureros. Am început terapia de grup ACoA cu peste un an în urmă, participând săptămânal la întâlniri.

Timp de șase luni, n-am simțit niciun fel de emoții sau cel puțin nu le-am putut identifica. Dar am văzut că membrii grupului aveau diverse sentimente în privința problemelor cu care se confruntau la acel moment și identificau și retrăiau incidente din trecut care înainte erau prea dureroase pentru ei.

Am devenit dispusă să risc să-i las pe acești oameni să mă cunoască, motivată în principal de dorința de a nu mai mânca excesiv. Am început să privesc grupul ca pe o familie în care puteam să mă dezvolt în siguranță și să încep să retrăiesc ceea ce nu primisem în propria mea familie. Am început să am interacțiuni oneste, chiar dacă mi-era teamă și simțeam că nu merit să consum timpul grupului. Însă datorită interacțiunilor reale și sincere din cadrul grupului și din afara lui, am început să am mai mult respect față de propria-mi persoană. Recunoșteam deschis că am sentimente, voiam să le identific și, în cele din urmă, să le exprim pentru a simți că mă vindec. Am renunțat la tiparele distructive din relații și la cele legate de modul în care mă percepeam pe mine însămi. Simțeam că sunt importantă prin simplul fapt că existam. Am vorbit despre cum e să crești într-o casă unde te simți invizibilă. Faptul că mi-am spus povestea așa cum o vedeam a avut un efect eliberator. Esența vindecării a însemnat să fiu sinceră cu mine însămi – și n-a fost ușor, fiindcă atunci când am început terapia nu aveam un sentiment al propriei identități. Am descoperit că aveam nevoie de timp chiar și pentru a bănui că am dreptul să fiu eu însămi. A durat mult și a trebuit să-mi înfrunt emoțiile la nesfârșit ca să-mi construiesc o identitate sănătoasă, zi după zi, cu ajutorul OA și al terapiei de grup".

Aceste familii – sau alte medii similare – pentru care povestea lui Cathy servește drept exemplu prezintă mare parte din dinamica unei familii cu probleme sau disfuncționale. Printre condițiile parentale comune menționăm rigiditatea exagerată, un comportament punitiv dus la extrem, tendința de a judeca, perfecționismul și o relație marcată de răceală sau lipsă de afecțiune cu copiii și alți membri ai familiei. Părinții n-au fost capabili să satisfacă nevoile mentale, emoționale și spirituale ale copiilor.

Aceste stări sau condiții sunt adesea perfide, subtile sau ascunse. *Pot fi dificil de recunoscut dacă persoana nu face eforturi considerabile de vindecare* în cadrul unor grupuri de sprijin, grupuri de terapie, ședințe de consiliere individuală sau prin alte forme de introspecție, ascultând și împărtășindu-și povestea unor oameni de încredere. Din exterior, aceste familii nu sunt percepute de obicei ca problematice sau disfuncționale. Deseori sunt considerate „normale" sau „sănătoase". Această categorie de familii cu probleme sau disfuncțională necesită mai multă observare, explorare și cercetare.

Abuzul asupra copiilor pe plan fizic, sexual, mental-emoțional și/sau spiritual

Abuzul asupra copiilor este un fenomen frecvent în diverse tipuri de familii disfuncționale. Abuzul fizic sever și abuzul sexual la vedere au efecte traumatice evidente asupra copiilor și bebelușilor, însă alte forme de abuz sunt mai greu de identificat. Printre acestea se numără abuzul fizic ușor sau moderat, abuzul sexual ascuns sau mai puțin evident, abuzul mental și emoțional, neglijarea copilului și ignorarea sau zădărnicirea spiritualității sau a dezvoltării spirituale a copilului. Printre formele de abuz sexual ascuns sau mai subtil menționăm flirtul din partea unui părinte, relatarea unor experiențe, povestiri sau glume cu conotație sexuală, atingerea unor zone nepotrivite ale corpului copilului, adolescentului sau chiar al copilului adult și alte comportamente cu efect stimulant pe plan sexual. Aceste forme de abuz produc de obicei emoții profunde și intense de rușine și vinovăție, pe care copiii le poartă cu ei în mod inconștient până la vârsta adultă. Despre abuzul emoțional voi vorbi detaliat ceva mai târziu.

Abuzul spiritual este un fenomen controversat, rareori adus în discuție, însă cât se poate de real. De exemplu, creșterea unui copil în spiritul ateismului sau al unui cult religios ar putea să pară un abuz spiritual în ochii unor părinți, dar nu și ai altora. Printre formele mai subtile practicate de anumite religii organizate se numără impunerea unei zeități furioase, care trezește rușine sau vinovăție, sau sublinierea faptului că *alte* confesiuni religioase sau credințe sunt în mod automat rele sau inferioare. Al doilea fenomen e ușor de observat în cazul unor confesiuni creștine fundamentaliste, dar nu se limitează la acestea, întrucât asemenea caracteristici sunt prezente în multe dintre sistemele religioase ale lumii. Aceste perspective constituie adesea factori majori ce contribuie la izbucnirea și continuarea numeroaselor războaie de pe glob.

Există și alte aspecte care ne inhibă sinele adevărat. Găsiți câteva exemple în secțiunea dedicată tulburării de stres posttraumatic din capitolul 7.

Câteva aspecte comune

Următorii șapte factori parentali se regăsesc adesea, în diverse combinații, în familiile disfuncționale. Înăbușirea copilului interior sau, dacă e să folosim un limbaj mai dur, uciderea sufletului copilului (Schatzman, 1973) prezintă anumite dinamici comune în rândul familiei. Printre acestea se numără incoerența, imprevizibilitatea, caracterul arbitrar și haosul (Gravitz și Bowden, 1985). Incoerența și impredictibilitatea tind să reprime spontaneitatea și, în general, ne fac să credem că e ceva în neregulă cu noi. În combinație cu caracterul arbitrar, aceste dinamici pot favoriza teme fundamentale, precum lipsa de încredere sau frica de abandon, dar și depresia cronică. Ele au drept consecință un mediu haotic. Acest lucru împiedică formarea unei fundații sigure și solide, care ne permite să ne cunoaștem pe noi înșine și pe ceilalți asumându-ne riscuri.

Deși multe dintre acestea sunt caracteristici comune ale familiilor cu probleme sau disfuncționale, nu le vom întâlni neapărat pe toate *în fiecare familie disfuncțională.*

Inconsecvență

Multe familii cu probleme sunt inconsecvente, însă nu toate. O formă de consecvență întâlnită în cazul a numeroase familii disfuncționale este *negarea sentimentelor* multor membri ai familiei și prezența unuia sau a mai multor *secrete de familie.* Familiile disfuncționale rigide tind să fie mai consecvente și previzibile. Având în vedere caracterul lor excesiv, aceste trăsături au rolul de a controla și a opri evoluția familiei și a individului.

Imprevizibilitate

Multe familii cu probleme sunt previzibile în imprevizibilitatea lor. Membrii familiei își dau seama că se pot aștepta oricând la ceva neașteptat. Pe de altă parte, mulți dintre ei știu *la ce* să se aștepte și chiar *când anume,* deși poate nu în mod conștient și fără a vorbi despre asta cu alții. Însă de obicei trăiesc într-o stare cronică de frică, „mergând pe vârfuri“ de parcă s-ar aștepta în orice moment să sufere o nouă traumă.

Caracter arbitrar

Caracterul arbitrar înseamnă că persoana sau persoanele cu probleme vor abuza în același fel un membru al familiei, indiferent *cine* este acesta sau oricât de mult s-ar împotrivi. Într-o familie în care există reguli lipsite de sens, copilul își pierde încrederea în cei care le stabilesc (părinții), precum și în el însuși. Nu poate înțelege mediul în care trăiește. Deși caracterul arbitrar poate fi prezent în mai mică măsură în cazul familiilor rigide, viața într-o asemenea familie va fi totuși dureroasă și disfuncțională, iar deseori rigiditatea în sine se va manifesta în mod arbitrar.

Haos

Haosul se poate manifesta într-unul dintre următoarele moduri: (1) abuz fizic sau emoțional, care-l învață pe copil să-i fie rușine, să creadă că este vinovat și „să nu simtă“; (2) abuz sexual, care are aceleași efecte, plus lipsa de încredere și teama de a nu-și pierde controlul; (3) crize regulate și repetate, care-i transmit copilului că viața este formată din asemenea crize; (4) blocarea previzibilă a comunicării, care-l învață pe copil să nu vorbească, să nu fie el însuși și negarea; (5) lipsa controlului, care-l învață să fie obsedat de control, și fuziunea sau lipsa granițelor ori a individualizării.

Deși familiile disfuncționale tind să fie haotice, în multe dintre ele haosul este absent sau la un nivel minim. În acest caz, manifestările haosului sunt adesea subtile. Nu e nevoie de manifestări active sau fățișe pentru ca sinele real să fie afectat. Simpla *amenințare* a haosului, oricât ar fi de neînsemnată sau trecătoare – fie că se pregătește o criză, un abuz de orice fel asupra noastră sau a unui alt membru al familiei –, poate provoca daune la fel de mari. Motivul este că ea dă naștere la frică, blocându-ne capacitatea de a fi noi înșine și a ne manifesta creativitatea. Când nu putem fi autentici și creativi, nu avem posibilitatea de a ne descoperi, explora și desăvârși poveștile, iar ca urmare nu putem să creștem și să ne dezvoltăm. Pacea interioară nu e posibilă.

Chiar dacă haosul activ apare doar o dată sau de două ori pe an, caracterul său imprevizibil, impulsiv și distructiv este suficient pentru a nărui pacea și seninătatea pe termen lung.

Membrul familiei afectat de haosul activ sau doar de amenințarea acestuia poate avea impresia că acesta e ceva cât se poate de „normal", iar în consecință *nu-l va recunoaște* ca atare. Acest principiu e valabil în cazul tuturor caracteristicilor din acest capitol.

Abuzuri

Diferitele forme de abuz sau de molestare a copilului, chiar dacă sunt *subtile*, îi afectează cu siguranță creșterea, dezvoltarea și vitalitatea sinelui adevărat. În tabelul 5 sunt prezentate mai multe exemple.

Negarea emoțiilor și a realității

Familiile disfuncționale tind să renege sentimentele membrilor lor, mai ales pe cele dureroase. Copiii – și mulți dintre adulți – nu au voie să-și exprime emoțiile, mai ales pe cele neplăcute (așa-zis „negative") cum este furia. Însă de obicei fiecare familie are cel puțin un membru, în general alcoolicul sau o persoană cu o problemă similară, căruia i se permite să-și exprime deschis trăirile dureroase, mai ales furia.

În familiile în care e prezentă furia cronică, neexprimată direct de membrii ei, aceasta capătă adesea alte forme: abuzul asupra propriei persoane, al altora și alte comportamente antisociale, diverse forme de boli acute și cronice, inclusiv afecțiuni legate de stres. Realitatea pe care o percepe copilul este negată, iar toți membrii familiei consideră a fi real un alt model, o altă perspectivă asupra realității sau un fals sistem de convingeri. Această fantezie contribuie adesea la unitatea familiei, într-o manieră disfuncțională. Negarea și noul sistem de convingeri sufocă și întârzie dezvoltarea și evoluția copilului pe plan mental, emoțional și spiritual, planuri care joacă un rol crucial în viața lui (Brown, 1986).

Tabelul 5.
Câteva traume mentale, emoționale și spirituale care-i pot afecta pe copii și adulți

Îl abandonăm
Îl neglijăm
Îl abuzăm: fizic – palme, bătăi, tortură, abuz sexual etc.
mental – abuz sexual fățiș (vezi mai jos)
emoțional – (vezi mai jos)
spiritual – (vezi mai jos și textul)

Îl facem de rușine	Îl tachinăm
Îl umilim	Îl manipulăm
Îl înjosim	Îl amăgim
Îl facem să se simtă vinovat	Îl păcălim
Îl criticăm	Îl trădăm
Îl facem de râs	Îl rănim
Glumim pe socoteala lui	Îl tratăm cu cruzime
Râdem de el	Îl jignim
	Îl intimidăm

Îl tratăm cu superioritate
Îl amenințăm
Îi inducem frică
Îl agresăm
Îl controlăm
Nu-i (mai) arătăm iubire
Nu-l luăm în serios
Îl discredităm
Îl inducem în eroare
Îl dezaprobăm
Nu-i luăm în serios emoțiile, dorințele sau nevoile
Ne încălcăm promisiunile față de el

Îi trezim speranțe false
Îi răspundem în mod incoerent sau arbitrar
Îi adresăm cereri vagi
Îl înăbușim
Îl limităm
Îi spunem „n-ar trebui să simți asta“, de exemplu, furie
Îi spunem: „Dacă ai fi mai bun sau altfel“ ori „Trebuie să fii mai bun sau altfel“ (vezi și mesajele negative din tabelul 6)

Repet: deși *a descoperi* unele dintre problemele descrise aici ne poate face *să ne simțim* inconfortabil, acesta *poate fi primul pas către vindecarea de suferință și confuzie.* Familiile cu probleme sau disfuncționale prezintă cel puțin una (deși în general mai multe) dintre următoarele caracteristici:

- Neglijare
- Abuz
- Inconsecvență
- Imprevizibilitate
- Caracter arbitrar
- Negare
- Prezența unuia sau a mai multor secrete
- Interzicerea unor sentimente
- Interzicerea unor nevoi
- Rigiditate (în unele cazuri)
- Uneori, comportament haotic (inclusiv orientat către crize)
- Uneori sunt liniștite și funcționale

Printre alte caracteristici ale familiilor cu probleme se numără diverse forme de neglijență și abuz. *A citi despre și a reflecta la* exemple de abuzuri și traume ne poate ajuta să ne descoperim sinele adevărat. Este util și *să auzim poveștile altora despre abuzurile* sau traumele pe care le-au suferit. Dar una dintre cele mai bune metode de a ne accepta abuzul sau trauma este *să ne spunem povestea* în compania unor persoane care ne acceptă și ne sprijină, care nu ne vor trăda încrederea și nu ne vor respinge. Eu îi numesc „oameni de încredere“ sau „susținători“ și descriu aceste principii în capitolele următoare.

★★★

Ce alți factori sau alte dinamici ne inhibă copilul interior? În capitolul ce urmează, voi vorbi despre cum ia naștere stima de sine redusă, despre dinamica rușinii și regulile negative, despre afirmații sau mesaje negative.

Capitolul 6

Dinamica rușinii și a stimei de sine reduse

Rușinea sau stima de sine redusă joacă un rol major în reprimarea copilului interior. Rușinea este atât *un sentiment* sau o emoție, cât și o *experiență* a sinelui total, care este sinele nostru adevărat sau copilul nostru interior (Fischer, 1985; Kaufman, 1980; Kurtz, 1981).

De asemenea, ea este o *dinamică* sau un *proces* care ni se întâmplă, în special când nu suntem conștienți, iar uneori chiar și când conștientizăm adevărul despre numeroase aspecte ale rușinii noastre.

Copilăria petrecută într-o familie cu probleme sau disfuncțională este asociată aproape întotdeauna cu sentimente de rușine și stimă de sine redusă la toți membrii familiei respective. Doar manifestările rușinii variază de la o persoană la alta. Fiecare dintre noi se adaptează rușinii în felul său. Principala asemănare este că aproape toți ne manifestăm în principal de la nivelul sinelui nostru fals. Astfel, se poate spune că familia cu probleme sau disfuncțională este *întemeiată pe rușine.*

Vinovăția

Oamenii confundă adesea rușinea cu vinovăția. Deși trăim ambele emoții, există o diferență între ele.

Vinovăția este sentimentul incomod sau dureros ce apare după ce *am făcut* ceva care încalcă un standard sau o valoare personală, am rănit o altă persoană sau am încălcat o lege sau o înțelegere. Astfel, ea se referă la *comportamentul* nostru, la faptul că ne simțim prost în legătură cu ce am făcut sau cu ce n-am făcut, deși trebuia să facem.

La fel ca majoritatea trăirilor, vinovăția poate fi o emoție utilă, care ne ghidează în relația noastră cu noi înșine și cu alții. Dacă ne simțim vinovați, conștiința noastră funcționează. Persoanele care nu simt niciodată vinovăție sau remușcări când fac o greșeală au dificultăți în viață și, în mod tradițional, se spune că suferă de o tulburare de personalitate antisocială.

Vinovăția utilă și constructivă poartă numele de vinovăție „sănătoasă". Acest tip de vinovăție ne ajută să trăim în societate, să ne rezolvăm conflictele sau problemele, să ne corectăm greșelile sau să ne îmbunătățim relațiile. Vinovăția care ne afectează seninătatea, pacea interioară și felul în care funcționăm – inclusiv dezvoltarea mentală, emoțională și spirituală – este considerată „nesănătoasă". Persoanele provenite din familii sau medii cu probleme ori disfuncționale experimentează adesea o combinație de vinovăție sănătoasă și nesănătoasă. Avem obiceiul să ignorăm vinovăția nesănătoasă, care ajunge să treneze, afectându-ne sever pe plan psihologic și emoțional. „Responsabilitatea" noastră față de familie e mai puternică decât responsabilitatea față de sinele nostru real. De asemenea, există așa-numita „vinovăție a supraviețuitorului", când persoana se simte vinovată fiindcă i-a abandonat pe alții într-un mediu dificil sau a supraviețuit în condiții în care alții n-au reușit acest lucru (vezi și capitolul 7, despre tulburarea de stres posttraumatic pentru mai multe detalii despre vinovăția supraviețuitorului).

Vinovăția poate fi diminuată substanțial dacă îi recunoaștem prezența și *ne străduim s-o depășim*. Asta înseamnă să o simțim și să discutăm despre ea cu persoane de încredere potrivite. Cea mai simplă soluție este să ne cerem scuze persoanei pe care am rănit-o sau dezamăgit-o, s-o rugăm să ne ierte. În cazurile mai complexe, poate fi nevoie să explorăm vinovăția mai în profunzime, eventual într-un grup terapeutic sau la ședințe de terapie individuale.

De obicei vinovăția e mai ușor de identificat și rezolvat decât rușinea.

Rușinea

Rușinea este sentimentul incomod sau dureros pe care-l trăim când ne dăm seama că o parte a noastră e defectă, rea, incompletă, stricată, falsă sau inadecvată. Spre deosebire de vinovăție, când ne simțim prost fiindcă *am făcut* ceva greșit, simțim rușine fiindcă *este* ceva în neregulă cu noi. Ca urmare, avem impresia că vinovăția o putem corecta sau ierta, pe când de rușine nu putem scăpa în niciun fel.

Copilul interior sau sinele adevărat *simte rușinea* și *o poate exprima*, într-un fel sănătos, în prezența unor persoane de încredere și care ne susțin. Pe de altă parte, sinele nostru fals se preface că nu-i e rușine și nu vorbește nimănui despre ea.

Toți simțim rușine. E o emoție umană universală. Dacă nu ne ocupăm și nu ne detașăm de ea, rușinea tinde să se acumuleze și să ne împovăreze din ce în ce mai mult, până când devenim victimele ei.

Pe lângă senzația că suntem defecți sau inadecvați, rușinea ne face să credem că alții pot vedea prin noi, dincolo de aparențe, observându-ne deficiențele. Rușinea este asociată cu un sentiment de deznădejde: orice-am face, nu o putem corecta (Fischer, 1985; Kaufman, 1980). Ne simțim izolați și singuri în rușinea noastră, ca și cum am fi singurii care trăiesc această emoție dureroasă.

În plus, s-ar putea să ne spunem: „Mă tem să-ți vorbesc despre rușinea mea fiindcă, dacă o voi face, vei crede că sunt rău și nu suport să aud cât sunt de rău". Prin urmare, nu numai că o țin doar pentru mine, ci deseori o și blochez sau mă prefac că nici nu există.

E posibil chiar să-mi camuflez rușinea sub forma unei alte emoții sau acțiuni, după care *s-o proiectez asupra altor persoane.* Iată câteva dintre aceste emoții sau acțiuni ce pot masca rușinea:

Furie	Dispreț	Neglijare sau retragere
Resentimente	Atac	Abandon
Mânie	Control	Dezamăgire
Învinovățire	Perfecționism	Comportament compulsiv

Când simt sau acționez sub una dintre aceste măști, acest lucru îi este util sinelui meu fals sau codependent, jucând rolul unui *mecanism de apărare* care mă împiedică *să simt* rușinea. Însă chiar dacă reușesc să mă feresc de rușine, ea va fi percepută de alții, de pildă când stau cu capul aplecat, cu spatele cocoșat, evit contactul vizual sau îmi cer scuze pentru nevoile și drepturile mele. E posibil chiar să mă simt nelalocul meu, rece, retras și alienat (Fischer, 1985). Dar oricât de bine m-aș apăra pe mine și pe alții, rușinea nu va trece decât dacă o înțeleg, o trăiesc și o împărtășesc unor persoane de încredere, care mă susțin.

Una dintre măștile sub care se poate ascunde rușinea a ieșit la iveală într-un grup de terapie atunci când Jim, un contabil de 35 de ani, a început să le povestească membrilor grupului despre relația cu tatăl lui, care trăiește într-un alt stat.

„De fiecare dată când vorbim la telefon, încearcă să mă critice. Asta mă derutează atât de tare, încât îmi vine să închid.“ Jim a vorbit în continuare și a interacționat cu grupul, care l-a întrebat ce simțea în momentul acela. I-a fost puțin mai greu să devină conștient de emoțiile lui și să le identifice; evita să-i privească în ochi pe membrii grupului. „Sunt pur și simplu dezorientat. Mereu am dorit să fiu perfect în preajma lui. Și niciodată n-am reușit să-l mulțumesc.“ Jim a continuat să vorbească, iar membrii grupului l-au întrebat din nou ce emoții trăia. „Simt ceva frică, mă simt rănit și mi se pare că sunt puțin furios.“ Ca lider al grupului, l-am întrebat dacă nu cumva simțea și puțină rușine, ca și cum ar fi fost o persoană inadecvată. Mi-a spus: „Nu. Ce te face să spui asta?“ I-am arătat că dorința lui de a fi perfect, evitarea contactului vizual și modul în care descria relația cu tatăl lui îmi sugerau că trăia un sentiment de rușine. Ochii i s-au umezit și a spus că trebuie să se gândească la asta.

De unde vine rușinea?

Rușinea pare să aibă la origine interpretarea pe care o dăm mesajelor negative, afirmațiilor negative, convingerilor și regulilor pe care le auzim în copilărie. Acestea provin de la părinții noștri, de la alte personaje parentale și persoane cu autoritate, precum profesori și preoți. În esență, ele ne spun că, într-un fel sau altul, nu suntem în regulă, că trăirile noastre, nevoile noastre, *sinele nostru adevărat, copilul nostru interior* nu sunt așa cum ar trebui.

Auzim în mod repetat mesaje precum: „Să-ți fie rușine!“, „Ești rău!“, „Nu ești destul de bun“. Le auzim atât de des, de la persoane de care depindem atât de mult și față de care suntem atât de vulnerabili, încât le dăm crezare. Iar consecința este că le interiorizăm sau încorporăm în însăși ființa noastră.

Ca și cum asta n-ar fi suficient, rana *se agravează* sub efectul regulilor negative care ne împiedică *să ne exprimăm* suferințele într-un mod sănătos și tămăduitor (tabelul 6). Reguli ca „Să nu simți", „Nu plânge" sau „Copiii trebuie văzuți, nu auziți". Astfel nu aflăm doar că suntem răi, ci și că nu trebuie să vorbim deschis despre niciunul dintre aceste aspecte.

Însă aceste reguli negative ne sunt adesea impuse într-un mod inconsecvent, după cum am menționat în capitolul anterior. Rezultatul? Lipsă de încredere în cei care impun aceste reguli și persoanele cu autoritate, plus sentimente de frică, vinovăție și mai multă rușine. Și de unde învață părinții noștri aceste mesaje și reguli negative? Cel mai probabil de la propriii lor părinți și alte persoane cu autoritate. E un exemplu de traumă din copilărie (în cazul de față, un abuz emoțional) transmisă de la o generație la alta.

Tabelul 6. Reguli și mesaje negative transmise frecvent în familii de alcoolici sau cu alte probleme

Reguli negative	**Mesaje negative**
Nu-ți exprima emoțiile.	Să-ți fie rușine!
Nu te înfuria.	Nu ești destul de bun!
Nu te supăra.	Era mai bine dacă nu te făceam!
Nu plânge.	Nu sunt de acord cu nevoile tale!
Fă ce spun eu, nu ce fac eu.	Poartă-te ca un om mare!
Fii bun, „cuminte", perfect.	Fii dependent!
Evită conflictele (sau evită să înfrunți conflictele).	

Reguli negative

Nu gândi, nu vorbi; doar respectă indicațiile.
Învață bine la școală, în orice condiții.
Nu pune întrebări.
Nu-ți trăda familia; nu discuta despre chestiunile din familie cu străinii; păstrează secretele familiei.
Trebuie să fii văzut, nu auzit!
Nu comenta.
Nu mă contrazice.
Să faci impresie bună.
Eu am întotdeauna dreptate, tu greșești întotdeauna.
Păstrează întotdeauna controlul.
Concentrează-te asupra comportamentului persoanei cu probleme (consum de alcool sau altceva).
Nu consumul de alcool (sau un alt comportament disfuncțional) este cauza problemelor noastre.
Păstrează întotdeauna starea de fapt.
Toți membrii familiei trebuie să faciliteze existența disfuncției.

Mesaje negative

Fii bărbat!
Băieții mari nu plâng!
Fii fată cuminte!
Ba nu te simți așa!
Nu mai fi așa!
Ești așa de prost (rău etc.)!
Tu ești de vină!
Ne ești dator!
Sigur că te iubim!
Eu mă sacrific pentru tine!
Cum poți să-mi faci așa ceva?
N-o să te mai iubim dacă...
Mă scoți din sărite!
N-o să faci niciodată nimic în viață!
Hai că nu te-a durut!
Ești atât de egoist!
Pur și simplu mă omori!
Nu e adevărat!
Promit (dar își încalcă promisiunea)!
Mă dezguști!
Voiam un băiat/o fată!
Tu ___________

Familia întemeiată pe rușine

Când comunicarea și comportamentul tuturor membrilor unei familii disfuncționale au la bază rușinea, putem spune că e o familie *întemeiată pe rușine.*

Părinților dintr-o asemenea familie nu le-au fost îndeplinite nevoile în copilărie, problemă cu care de obicei se confruntă și la vârsta adultă. Deseori se folosesc de copiii lor pentru a-și împlini multe dintre aceste nevoi nesatisfăcute (Miller, 1981, '83, '84, '86).

În familiile întemeiate pe rușine, există adesea (nu întotdeauna) un secret. Acest secret poate face parte dintr-o categorie vastă de probleme „rușinoase", de la violență în familie și abuz sexual la alcoolism și închiderea, în trecut, într-un lagăr de concentrare. Poate fi și un secret mai „subtil", precum pierderea locului de muncă, o promovare ratată sau o relație eșuată. Păstrarea unor asemenea secrete îi afectează pe toți membrii familiei, indiferent dacă aceștia cunosc sau nu secretul respectiv (Fischer, 1985). Motivul este că atitudinea secretoasă îi împiedică să-și exprime întrebările, grijile și sentimentele (precum frica, furia, rușinea și vinovăția). Prin urmare, în familie nu există o comunicare deschisă. Iar copilul interior al fiecărui membru al ei rămâne sufocat, incapabil să crească și să se dezvolte.

Limite

În mod paradoxal, chiar dacă în familie e o comunicare proastă, membrii ei sunt conectați emoțional la un nivel profund, prin negarea secretului și loialitatea față de păstrarea acestuia. Deseori, unul sau mai mulți dintre ei prezintă o disfuncționalitate, rolul lor fiind preluat de alți membri ai familiei. Fiecare dintre ei învață să-și bage nasul în treburile celorlalți, într-un fel sau altul. Rezultatul este un grup de persoane *înlănțuite*, contopite sau care și-au invadat ori încălcat reciproc granițele și spațiul personal.

Granițele persoanelor sănătoase și cu o identitate clară pot fi ilustrate schematic în felul următor:

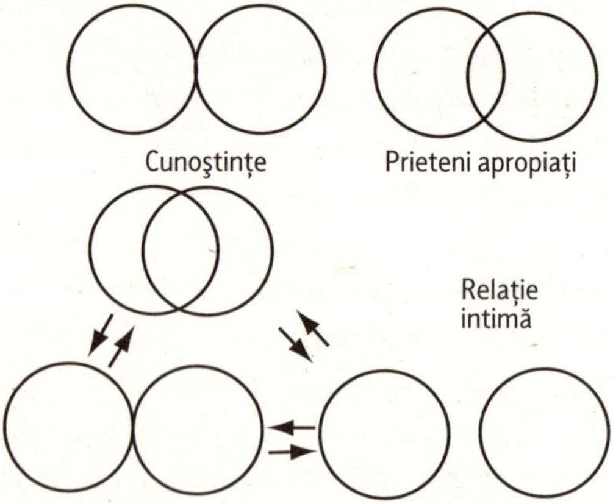

Relațiile sănătoase sunt deschise, flexibile, permit satisfacerea reciprocă a unora dintre nevoile și drepturile celor implicați, susțin creșterea mental-emoțională și spirituală a fiecărei persoane. Deși adesea sunt relații intime și apropiate, intensitatea lor prezintă o variabilitate ce respectă nevoile fiecărui membru și-i permite să se dezvolte ca individ.

Pe de altă parte, o relație ai cărei membri sunt înlănțuiți sau contopiți poate fi reprezentată schematic în felul următor:

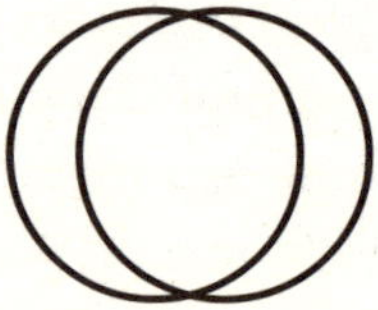

Sau ca mai jos, în cazul unei familii cu probleme sau disfuncționale:

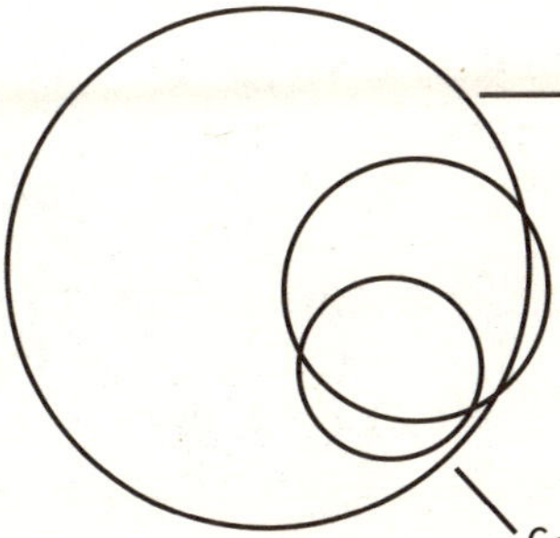

Aceste relații înlănțuite sunt în general *nesănătoase*, închise, rigide și tind să descurajeze satisfacerea reciprocă a nevoilor și drepturilor. De obicei nu susțin evoluția mentală, emoțională și spirituală a fiecăreia dintre persoanele implicate. Nu sunt permise grade de variație în ceea ce privește apropierea sau distanțarea. Povestea lui Karen și cea a Barbarei ilustrează aceste granițe nesănătoase sau inexistente.

Pentru a supraviețui într-o asemenea relație, în general folosim mai multe mecanisme de apărare, precum negarea (a secretului, a emoțiilor noastre, a suferinței) și proiectarea suferinței asupra altora (prin atac, învinovățire și respingere) (Course, 1976). Dar când *ieșim* dintr-o relație bazată pe rușine, chiar dacă am supraviețuit și supraviețuim în continuare, această atitudine codependentă, bazată pe rușine, frică, vinovăție, negare și atac, nu ne mai este de folos. Când punem capăt unei relații nesănătoase, dar încercăm să folosim aceleași mijloace și mecanisme de apărare pe care le-am folosit pentru a supraviețui, vom constata că *acestea nu funcționează prea bine într-o relație sănătoasă*.

Cineva care provine dintr-un mediu întemeiat pe rușine este întotdeauna înlănțuit, într-un fel sau altul, cu una sau mai multe persoane. Când avem o relație disfuncțională, bazată pe rușine, s-ar putea să avem impresia că ne pierdem mințile. Când ne confruntăm cu realitatea, nu putem avea încredere în simțurile, emoțiile și reacțiile noastre.

Comportamentul compulsiv și compulsia la repetiție

Când ne trăim viața cu o atitudine codependentă și provenim dintr-un mediu bazat pe rușine, focalizându-ne excesiv pe ceilalți, avem senzația că ne lipsește ceva, că într-un fel sau altul suntem incompleți. Suntem nefericiți, tensionați, goi pe dinăuntru, stresați, ne simțim rău și/sau amorțiți. Dar a fi noi înșine ni se pare periculos. Am încercat să fim sinceri cu alții și deseori am fost respinși sau pedepsiți pentru asta. Ni se pare înfricoșător să fim iar noi înșine, să ne exprimăm emoțiile și să ne îndeplinim celelalte nevoi. În plus, nu suntem obișnuiți să facem asta. Prin urmare, folosim mecanisme de apărare care ne împiedică să ne împlinim nevoile și să ne exprimăm adevăratele trăiri (figura 1).

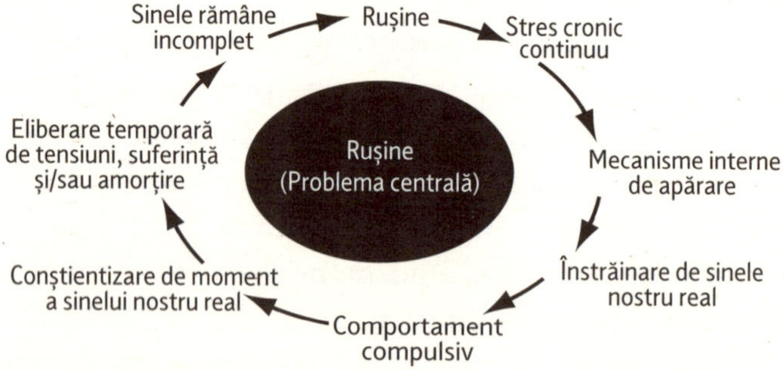

Figura 1. Ciclul rușinii și al comportamentului compulsiv
(adaptare după Fischer, 1985, cu permisiunea autorului)

Dar sinele nostru real, care acum este alienat și ascuns de noi, are o energie și o dorință înnăscute de a se exprima. În secret, vrem să-i simțim vivacitatea și creativitatea. Fiind reprimat atâta vreme, blocat într-o dilemă apropiere–evitare, singura cale de ieșire este o formă anume de comportament compulsiv care a funcționat pentru noi în trecut, chiar dacă e posibil să ne ofere doar o imagine fugară a sinelui nostru adevărat. Aceste acțiuni compulsive fac parte dintr-un spectru larg de comportamente, de la consumul excesiv de alcool sau alte droguri la relații intense și de scurtă durată sau încercarea de a controla pe altcineva. Printre ele se numără excesele în ceea ce privește alimentația, sexul, munca sau cheltuielile, ori chiar participarea excesivă la întâlniri ale unui grup de sprijin.

Acest comportament compulsiv tinde să fie negativ într-un fel, de pildă orientat spre autodistrugere sau distrugerea altor persoane. Poate avea ca efect secundar o criză sau poate facilita apariția unei crize pentru propria persoană și pentru alții. Deși îl putem controla într-o oarecare măsură – ne putem impune voința asupra lui, fiind posibil chiar să-l planificăm –, deseori el se manifestă în mod impulsiv și automat, ca un reflex.

Astfel, când avem un comportament compulsiv, de obicei ne eliberăm pe moment de tensiune, suferință și amorțeală, chiar dacă e posibil să ne fie rușine de asta. Și chiar dacă nu durează mult, ne simțim din nou vii, într-o oarecare măsură. Însă mai târziu ne simțim rușinați și incompleți (Fischer, 1985).

Acest tip de comportament a fost numit și „compulsia la repetiție" (Miller, 1981; 1983). Își are originea în conflictele interioare nerezolvate din inconștient, acel loc din interiorul nostru de care în general nu suntem conștienți.

O cale de ieșire

Din experiența a sute de mii de oameni, știm că există o metodă eficientă de a scăpa de constrângerile și limitările pe care ni le impune rușinea: să spunem povestea traumei și a suferințelor noastre unor persoane în care putem avea încredere și care ne susțin.

În felul acesta, ne expunem și împărtășim copilul interior, sinele nostru adevărat, cu toate slăbiciunile *și* toate punctele sale forte. Nu ne putem vindeca singuri de rușine. Avem nevoie de ajutorul altora, care să ne valideze momentele de slăbiciune și să ne accepte așa cum suntem. Iar când îi auzim pe alții spunându-și povestea și mărturisindu-și rușinea, noi îi ajutăm *pe ei* să se vindece. Asta ne ajută și pe noi. Povestind și ascultând, începem să practicăm principiile compasiunii și ale iubirii necondiționate.

Acest fenomen are loc de nenumărate ori în fiecare zi, în grupuri de sprijin, grupuri de terapie, sesiuni de terapie individuală sau discuții între prieteni apropiați.

Obstacole în calea vindecării

Când începem să ne vindecăm de rușine, e posibil să întâlnim *în interiorul nostru* obstacole care ne împiedică să avansăm în procesul de vindecare. Printre aceste obstacole se numără următoarele: (1) *atitudini* negative despre noi înșine; (2) amintiri despre expresii faciale sau alte *imagini* legate de persoane care ne-au făcut să ne fie rușine în trecut, pe care acum le observăm la alți oameni și, poate, la noi înșine; (3) limitări pe care ni le impune rușinea în unele planuri importante ale vieții noastre (Fischer, 1985). Dintre aceste planuri menționăm:

1) Emoțiile noastre;
2) Impulsurile noastre firești, sănătoase (sexualitate, agresivitate, foame, nevoia de intimitate);
3) Nevoile noastre (vezi capitolul 4 și tabelul 2);
4) Gândurile noastre (mai ales gândurile „rele").

Regresia de vârstă

De exemplu, de fiecare dată când ne simțim răniți de o persoană cu autoritate – cum ar fi unul dintre părinții noștri –, e posibil să ne înfuriem. Însă furia se transformă repede în rușine sau este mascată de aceasta. De asemenea, s-ar putea să simțim teamă și confuzie. Întrucât toate aceste trăiri ne pot copleși, ca și cum am fi pe punctul să pierdem controlul, le suprimăm rapid și nu mai simțim nimic. În acest moment și timp de câteva minute după aceea, e posibil să fim disfuncționali într-o măsură sau alta. Chiar dacă întregul proces durează doar câteva secunde, ne simțim ca și cum am fi din nou niște copilași neajutorați. Acest fenomen poartă numele de *regresie de vârstă* sau revenire la un mecanism de supraviețuire anterior.

Tom este un avocat de 45 de ani și tatăl a doi copii. La terapie de grup, povestește despre cum a descoperit regresia de vârstă.

„Au trecut 45 de ani până să descopăr ce s-a întâmplat când tatăl meu m-a înjosit. Luna trecută, când i-am vizitat pe el și pe mama, la nici cinci minute de când sosisem, tata a încercat să mă înjosească, glumind pe seama faptului că sunt avocat. A spus: «A venit șnapanul», după care s-a uitat la mine, la mama, la fratele și la sora mea ca să vadă dacă râdeam împreună cu el. Cu ajutorul acestui grup, mi-am dat seama cum reacționam. M-am simțit dintr-odată confuz, neajutorat și furios, ca și cum aș fi avut din nou 5 ani. Mi-am lăsat capul în jos și am amorțit. A fost o senzație oribilă, pe care o trăisem de sute de ori în copilărie și încă o mai trăiesc atunci când tata se poartă așa cu mine. Am aceeași senzație și în preajma oamenilor care încearcă să mă tachineze sau să mă judece. Îmi dau seama că acest obicei al tatei este unul dintre principalele lui moduri de a gestiona conflictele sau tensiunile din familia noastră. Încearcă să facă o glumă, să-l tachineze sau să-l umilească pe cel cu care are un conflict. Cealaltă metodă era *să se îndepărteze* de persoana aceea, s-o abandoneze, lăsând conflictul nerezolvat. Acum încerc să-mi dau seama când experimentez regresia de vârstă, respir adânc și mă plimb ca să-mi regăsesc calmul și să-l pot înfrunta pe tata sau pe alți oameni ca el. Când face asta, stabilesc niște limite. Îi spun: «Nu-mi place când glumești în felul ăsta despre cariera mea, iar dacă vei continua, n-o să mai vin la tine!»"

Cum gestionăm regresia de vârstă

Pentru a ne elibera de rușine sau de regresia de vârstă, primul pas este să devenim conștienți de ea. Când se produce acest fenomen, îl recunoaștem. Iar când îl recunoaștem, *respirăm profund și lent de câteva ori.* Acest lucru reduce confuzia, amorțeala și disfuncționalitatea, permițându-ne să devenim mai conștienți de ceea ce se întâmplă pentru a ne putea controla mai bine. În loc să rămânem paralizați, confuzi și disfuncționali, revenim la sinele nostru adevărat. Iar pentru a continua să funcționăm de la acest nivel, *ne ridicăm în picioare, ne plimbăm și observăm realitatea* din jurul nostru. Dacă suntem alături de oameni de încredere și care ne susțin, putem începe să le spunem cum ne simțim. De asemenea, putem *să ne depărtăm* de persoana care se poartă cu noi într-un mod nepotrivit. Chiar dacă nu plecăm, ne putem simți mai bine *strângând în mână cheile mașinii*, ca un simbol al capacității noastre de a ne îndepărta.

Totodată, descoperim că regresia de vârstă ne poate fi *benefică*. Ne spune numaidecât că *suntem tratați într-un mod nepotrivit* sau ne reamintește acest lucru. Iar când știm că nu suntem tratați adecvat, ne putem gândi la modalități de *a remedia situația și de a evita comportamentul nepotrivit al altora*.

Știm că există o soluție. Începem să ne vindecăm copilul interior.

Capitolul 7

Rolul stresului. Tulburarea de stres posttraumatic

Tulburarea de stres posttraumatic (PTSD) este o problemă care poate afecta pe cineva în așa măsură, încât nu doar că îi reprimă și inhibă copilul interior, însă de multe ori persoana se îmbolnăvește vizibil din cauza stresului repetat și a traumelor extreme induse de acesta. PTSD interacționează în mare măsură cu dinamicile codependenței, consecința fiind că adesea cele două afecțiuni se suprapun. Așa-numitul „șoc cronic" (Kritsberg, 1986) de care suferă copiii alcoolicilor poate fi echivalat cu PTSD.

PTSD are un spectru larg de manifestări, de la frică și anxietate la depresie, iritabilitate, un comportament impulsiv sau chiar exploziv și anestezierea emoțiilor. Pentru a determina dacă o persoană suferă de PTSD, *DSM III* și *IV* (1980; 1994) sugerează că trebuie să fie prezente următoarele patru aspecte.

Un factor de stres identificabil

Primul aspect este existența în trecut sau prezența constantă a unui factor de stres identificabil. Câteva exemple de factori de stres și grade de severitate ale acestora sunt prezentate în *DSM III*, fiind reproduse sub o formă modificată în tabelul 7. Deși există nenumărate alte exemple, am redat cu caractere cursive mai mulți asemenea factori pe care-i întâlnim în familiile cu probleme sau disfuncționale.

Din această listă scurtă, se poate observa că factorii de stres sunt prezenți de obicei în familii și medii ce tind să înăbușe sinele adevărat. Însă PTSD este rezultatul unor factori de stres din afara gamei uzuale de experiențe umane. Câteva exemple sunt atentatele, violurile, alte forme de abuz sexual, leziunile fizice severe, tortura, experiențele trăite într-un lagăr de concentrare, inundațiile, cutremurele și conflictele militare. La fel ca alții (Cermak, 1985), eu cred că faptul de a crește sau a trăi într-o familie cu probleme sau disfuncționalități severe ori într-un mediu similar este adesea asociat cu PTSD. Se spune că PTSD este mai dăunător și mai dificil de tratat dacă: (1) traumele survin în decursul unei perioade îndelungate, de exemplu mai mult de șase luni; și mai ales dacă (2) traumele sunt de origine umană; iar în plus (3) cei din preajma persoanei afectate tind să nege existența factorului de stres sau a stresului. În familiile de alcoolici și cele cu probleme similare se întâlnesc toate cele trei aspecte.

Tabelul 7.
Clasificarea după severitate a factorilor de stres psihosociali (din *DSM III*)

Cod	Exemple din viața unui adult	Exemple din viața unui copil/adolescent
1. **Niciunul**	Aparent nu există un factor de stres psihologic	Aparent nu există un factor de stres psihologic
2. **Minim**	Încălcare minoră a legii; mic împrumut bancar	Vacanță cu familia

3. **Ușor**	Ceartă cu vecinii; schimbarea programului de lucru	Schimbarea profesorului de la școală; începutul unui nou an școlar
4. **Moderat**	O nouă carieră; moartea unui prieten apropiat; sarcină	*Certuri constante între părinți; mutarea la o altă școală; boala unei rude apropiate; nașterea unui frate/unei surori*
5. **Sever**	*O boală severă a persoanei sau a cuiva din familie;* pierdere financiară majoră: *separarea* de partener; nașterea unui copil	Moartea unui coleg; *divorțul părinților*; arestare; spitalizare; *disciplină parentală dură și constantă*
6. **Extrem**	Moartea unei rude apropiate; *divorț*	Moartea unui părinte sau a unui frate/unei surori; abuz fizic/sexual repetat
7. **Catastrofal**	Experiențe în lagărul de concentrare; dezastru natural devastator	*Mai multe decese în familie*

Retrăirea traumei

Al doilea aspect sau a doua manifestare este retrăirea traumei. Constă în amintiri repetate și intruzive ale traumei, coșmaruri repetate sau simptome subite ale retrăirii traumei, deseori însoțite de puls rapid, stare de panică și transpirație.

Anestezie psihică

O caracteristică aparte a sinelui adevărat este faptul că simte și exprimă emoții (capitolul 3, tabelul 1). Sinele fals neagă și ascunde trăirile autentice. Această condiție avansată, numită „anestezie psihică", este caracteristică PTSD. Se poate manifesta ca o restrângere sau absență a emoțiilor și a exprimării acestora, având adesea ca rezultat o senzație de înstrăinare, retragere, izolare sau alienare. O altă manifestare poate fi scăderea interesului față de activitățile importante.

Descriind anestezierea psihică, Cermak (1986) scrie: „În momentele de stres extrem, soldaților combatanți li se cere adesea să acționeze indiferent de cum se simt. Supraviețuirea lor depinde de capacitatea lor de a-și suspenda emoțiile și de a lua măsuri pentru a se proteja. Din păcate, de aici rezultă o *scindare* între identitatea și experiența persoanei, care nu se vindecă ușor. Nu dispare treptat cu trecerea timpului. Dacă nu se implică activ în procesul de vindecare, persoana continuă să se confrunte cu *o restrângere a emoțiilor, scăderea capacității de a recunoaște ce emoții* sunt prezente *și o senzație persistentă că este izolată de mediul din jur* (depersonalizare). Toate acestea reprezintă o tulburare numită «anestezie psihică»".

Alte simptome

Un alt posibil simptom al PTSD este „hipervigilența". Persoana este atât de afectată și speriată de stresul continuu, încât e tot timpul în alertă cu privire la apariția altor factori de stres sau pericole similare și la modul în care le poate evita. Mai există un simptom numit „vinovăția supraviețuitorului", cu care se confruntă o persoană după ce scapă de o traumă ce îi afectează pe alții sau o evită. Deși se spune că acest simptom conduce la sentimentul că supraviețuitorul i-a trădat sau abandonat pe ceilalți și, deseori, la depresie cronică, eu cred că la apariția depresiei cronice contribuie o serie de alți factori, în principal reprimarea copilului interior (Whitfield, 2003).

Un alt simptom poate fi „evitarea activităților asociate" cu trauma. Iar un ultim simptom, care nu e menționat în *DSM III* sau *IV*, îl constituie „personalitățile multiple". Oamenii cu personalități multiple provin adesea din familii grav afectate de stres, probleme sau disfuncționalități. Deseori, aceste personalități sunt ramificații ale sinelui fals, născute în parte din dorința sinelui adevărat de a se exprima și a supraviețui.

Cermak (1985) sugerează că dinamicile afecțiunii cunoscute sub numele de „copilul adult al alcoolicului", „sindrom CoA" sau alți termeni similari reprezintă o combinație între PTSD și codependență. Din experiența mea în ceea ce privește tratamentul copiilor adulți ai alcoolicilor și urmărirea procesului de recuperare, precum și tratarea copiilor adulți proveniți din *alte* familii cu probleme sau disfuncționale, cred că PTSD și codependența sunt prezente în numeroase familii de acest gen. De asemenea, cred că PTSD nu este decât un aspect extrem al afecțiunii cu spectru amplu ce rezultă din reprimarea sub orice formă a sinelui adevărat. Când nu ni se permite să ne amintim, să ne exprimăm emoțiile și să ne plângem pierderile sau traumele, fie ele reale sau potențiale, prin manifestarea liberă a copilului interior, ne îmbolnăvim. Astfel doliul nefinalizat are un spectru întreg de manifestări, de la simptome ușoare sau semne de tristețe la codependență și PTSD. Un aspect comun al tuturor componentelor acestui spectru este acela că exprimarea sinelui real este blocată.

Tratamentul PTSD constă în terapie de grup de lungă durată, alături de alte persoane care suferă de aceeași problemă, însoțită în mod obișnuit de consiliere individuală pe termen scurt, conform necesității. Multe dintre principiile de vindecare a copilului interior sunt utile în tratamentul PTSD.

Cermak (1986) a spus: „Terapeuții care obțin succese lucrând cu aceste persoane au învățat să respecte nevoia pacientului de a-și înăbuși trăirile. Cel mai eficient proces terapeutic presupune o alternanță între dezvăluirea emoțiilor și reascunderea lor, iar persoanele cu PTSD și-au pierdut tocmai această capacitate de a-și modula trăirile. (Ele) trebuie să aibă certitudinea că nu li se va lua capacitatea de a se închide pe plan emoțional și că aceasta va fi considerată un instrument important de supraviețuire. În acest caz, scopul inițial al terapiei este de a-i ajuta pe clienți să-și exploreze liber emoțiile, asigurându-i că se pot distanța din nou de ele dacă încep să se simtă copleșiți. Când copiii din familii dependente de substanțe chimice, copiii adulți ai alcoolicilor și alte persoane cu PTSD au încredere că nu-i vei lăsa fără mecanismele de supraviețuire, sunt mai dispuși să-și dezvăluie sentimentele, chiar și numai pentru o clipă. Iar clipa aceea va fi un început“.

Capitolul 8

Cum putem să ne vindecăm copilul interior?

Ca să ne redescoperim sinele adevărat sau real și să ne vindecăm copilul interior, putem iniția un proces care implică următoarele patru acțiuni.

1) Să descoperim și să începem să devenim *sinele nostru real* sau copilul interior.
2) Să ne identificăm nevoile fizice, mental-emoționale și spirituale permanente. Să practicăm *împlinirea* acestor nevoi alături de persoane de încredere și care ne susțin.
3) Să identificăm, să retrăim și *să jelim* suferințele provocate de *pierderi* sau *traume* nerezolvate în prezența unor persoane de încredere și care ne susțin.
4) Să identificăm *problemele noastre fundamentale* și să lucrăm la rezolvarea lor (descrise mai jos și în alte părți – Whitfield, 1995; 2003).

Aceste acțiuni sunt strâns legate între ele, deși ordinea lor este aleatorie. De obicei vindecarea copilului interior are loc într-un mod circular, în care eforturile și descoperirile dintr-un anumit plan ne conduc către un altul.

Etapele procesului de recuperare

Supraviețuirea

Pentru a ajunge la vindecare, mai întâi trebuie să supraviețuim. Supraviețuitorii sunt codependenți prin necesitate. Ca să supraviețuiască, ei folosesc numeroase abilități și „mecanisme de apărare ale egoului". Copiii alcoolicilor și cei din alte familii cu probleme sau disfuncționale se eschivează, se ascund, negociază, au grijă de alții, se prefac, neagă, învață și se adaptează pentru a rămâne în viață, folosind orice metodă care funcționează. Își însușesc și alte mecanisme de apărare a egoului, adesea nesănătoase, conform celor descrise de Anna Freud (1936) și rezumate de Vaillant (1977). Printre acestea se numără: intelectualizarea, reprimarea, disocierea*, dislocarea** și formarea de reacții (utilizarea în exces a acestor metode putând fi considerată o manifestare nevrotică), proiecția, comportamentul pasiv-agresiv, comportamentele inacceptabile social, ipohondria, grandomania și negarea (a căror folosire excesivă poate fi considerată o acțiune imatură și, uneori, psihotică).

Deși aceste mecanisme de apărare ne ajută să supraviețuim într-o familie disfuncțională, la vârsta adultă ele nu sunt prea eficiente. Când încercăm să ne implicăm într-o relație sănătoasă, în general ele nu acționează în interesul nostru. Folosirea lor ne înăbușă și inhibă copilul interior, favorizând și întărind sinele fals sau codependent.

Ginny era o femeie de 21 de ani care crescuse într-o familie de alcoolici. La începutul procesului de recuperare, a scris următoarea poezie ce exemplifică suferințele din etapa de supraviețuire:

Frica de noapte

Precum copilul care așteaptă, noaptea,
o îmbrățișare caldă

* Deconectarea de la gândurile, emoțiile și acțiunile proprii, în încercarea de a face față unei situații foarte stresante sau traumatizante. (n.trad.)
** Mecanism de apărare prin care ne redirecționăm manifestarea emoțiilor negative către un subiect mai puțin amenințător decât cel inițial. (n.trad.)

care să-i aline singurătatea
topindu-se în lacrimile neașteptatei siguranțe
și ale iubirii.
Așa și eu, în solitudinea întunecoasă a sinelui neiubit,
neancorată, abandonată și renegată,
continui să chem, cu strigăte tăcute de copil
străvechea speranță –
miracolul de a fi dorită.

Copilul acela încă trăiește în mine,
rănit în inocența-i nedumerită
și trădată. Ah, ce dureros paradox –
să simți salvarea
știind că nu există salvare.
Și sub imboldul unor visuri nelămurite, dar puternice,
amintiri ale blândei atingeri a iubirii,
aștept.

Așteptăm. Mereu așteptăm.
Am uitat de nevoia aceea fără nume,
timpul s-a scurs din inima mea irosită.
Dar ca o forță primitivă, fără formă,
mă cheamă, îmi umple realitatea,
tocește rațiunea aspră.

Sunt grotescă în dorința mea neputincioasă,
întorcându-mă în interior și în trecut.
Surdă-i durerea cu amintiri fragede
care se ofilesc și rezistă,
se supun, apoi mor.
Nu, nu trăiesc;
aștept în lipsa aceasta de speranță.

Ginny vorbește despre durerea, amorțirea, izolarea și deznădejdea ei. Dar, în același timp, versul „Copilul încă mai trăiește în mine" transmite o rază de speranță.

Un aspect al procesului de vindecare este să ne *descoperim* pe noi înșine, copilul nostru interior și modul în care folosim aceste metode neproductive de a relaționa cu noi, cu alții și cu Universul. Acest lucru poate fi realizat în modul cel mai eficient în etapele active ale recuperării.

Deși e limpede că supraviețuim, nu e mai puțin adevărat că simțim foarte multă durere și suferință. Sau amorțim. Sau pendulăm între suferință și amorțire. Treptat, devenim conștienți că abilitățile și mecanismele de apărare care ne-au permis să supraviețuim ca bebeluși, copii și adolescenți abuzați nu ne prea ajută când încercăm să avem relații intime sănătoase la vârsta adultă. Efectele dureroase ale abuzului și neglijării, ale relațiilor noastre eșuate nu ne sunt de folos: ele ne încurajează și, uneori, chiar ne forțează să căutăm altceva decât aceste metode ineficiente. Iar această căutare poate duce la vindecare.

Gravitz și Bowden (1985) au descris șase etape ale recuperării pacienților lor alcoolici: (1) Supraviețuire; (2) Începutul conștientizării; (3) Probleme fundamentale; (4) Transformări; (5) Integrare; (6) Geneză (sau spiritualitate). Aceste etape sunt echivalente cu cele patru etape ale creșterii și transformării vieții descrise de Ferguson (1980) și cele trei etape ale călătoriei mitologice a eroului sau eroinei descrise de Campbell (1946), de mine și de alții.

Putem clarifica și rezuma similitudinile dintre toate aceste metode de vindecare cu ajutorul unei diagrame simple, de genul celei de pe pagina următoare.

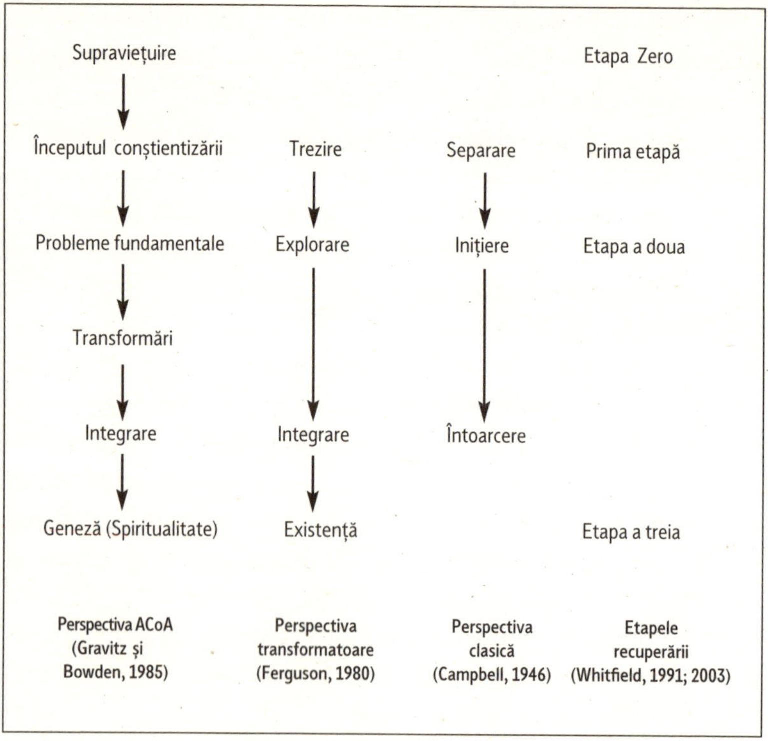

Fiecare etapă este utilă în vindecarea copilului interior. Deseori, recunoaștem etapele doar retrospectiv. Când ne aflăm într-o anumită etapă, nu ne dăm seama neapărat că suntem acolo. Acesta este unul dintre motivele pentru care e bine ca în timpul procesului de recuperare să avem un sponsor, un ghid, un consilier sau un terapeut. Deosebit de util poate fi un grup de terapie (Whitfield, 1990) ce folosește principiile recuperării ACoA, descrise în cartea de față și în altele (Gravitz și Bowden, 1985).

Trezirea (Începutul conștientizării)

Trezirea survine când începem să bănuim că „realitatea" sau „lucrurile" nu sunt așa cum credeam. Ea reprezintă un proces continuu în timpul recuperării. Pentru a iniția acest proces, în general avem nevoie de un *punct de pornire* sau un factor declanșator – ceva care să ne zdruncine vechiul sistem de convingeri sau vechea perspectivă asupra realității, asupra felului în care credeam că stau lucrurile (Ferguson, 1980; Whitfield, 1985; 2003).

Întrucât sinele nostru adevărat e ascuns în profunzime, iar sinele nostru fals e atât de evident, trezirea nu se produce neapărat cu ușurință. Însă ea survine deseori. Am asistat la acest proces în cazul a sute de copii traumatizați. Există o gamă vastă de puncte de pornire sau factori declanșatori. E posibil să auzim sau să citim despre cineva care povestește despre propria sa vindecare sau propriul sine adevărat, să simțim că ne-am săturat de suferința noastră sau să începem să ne ocupăm serios de o altă problemă din viața noastră, prin consiliere sau terapie. Alții află de acest lucru participând la întâlnirea unui grup de sprijin sau la o experiență educațională, citind o carte ori auzind despre ea de la un prieten.

În momentul acela, deseori începem să trăim sentimente de confuzie, frică, entuziasm, tristețe, amorțire sau furie. Acestea sunt un indiciu că începem să *simțim* din nou. Începem să intrăm în contact cu cine suntem în realitate – cu copilul nostru interior, cu sinele nostru adevărat. Când ajung în acest punct, unele persoane renunță și nu merg mai departe. Li se pare mai ușor și mai „confortabil" să se retragă în sinele lor fals (ceea ce numim revenirea nevrozei sau a codependenței) întrucât noile emoții pe care le trăiesc sunt înfricoșătoare.

Persoanele în curs de recuperare din alcoolism, dependența de alte droguri sau de un comportament neproductiv, precum mâncatul în exces sau jocurile de noroc, se pot confrunta cu o recidivă. Sau își pot forma un alt tip de comportament compulsiv bazat pe rușine, cum ar fi să cheltuie bani pe care nu-i au. Însă trezirea poate fi o ocazie de a ne asuma riscul să ne descoperim sinele real, vivacitatea și, în cele din urmă, chiar o stare durabilă de pace interioară.

Cum găsim ajutor

În acest moment, e util să găsim un sponsor, consilier sau terapeut care să ne ajute să ne descoperim și vindecăm copilul interior. Însă de obicei persoana în curs de recuperare este atât de vulnerabilă, deseori din cauza confuziei, a fricii, a entuziasmului și/sau a faptului că se opune vindecării, încât e posibil să dea peste un terapeut care *nu și-a vindecat propriul copil interior*. Dacă acesta din urmă nu-și poate împlini propriile nevoi, e posibil să se folosească de noul „trezit" pentru a și le satisface pe unele dintre ele. Rezultatul este că pacientul, clientul, studentul sau „victima" suferă o nouă traumă, ceea ce conduce la un cerc vicios al traumelor nerezolvate și revenirii la sinele fals (Miller, 1983; Jacoby, 1984).

Indicații

Iată câteva indicații privind găsirea un sponsor, terapeut sau consilier care să ne ajute în loc să ne facă rău. Persoana respectivă trebuie:

1) Să aibă o pregătire și o experiență pe care să le poată dovedi. De exemplu, un medic sau un terapeut are pregătirea și experiența necesară ca să-i ajute pe oameni să

se dezvolte pe plan mental, emoțional și spiritual, precum și să rezolve probleme sau situații specifice, cum ar fi proveniența dintr-o familie de alcoolici sau cu alte probleme.

2) Să nu fie dogmatică, rigidă și tentată să judece.
3) Să nu promită soluții sau răspunsuri rapide.
4) Să manifeste respect față de noi, ca ființe umane, față de procesul nostru de creștere și vindecare, dar în același timp să fie suficient de fermă pentru a ne încuraja să participăm în mod activ la procesul de recuperare.
5) Să ne îndeplinească *unele* nevoi (de ascultare, oglindire, siguranță, respect, înțelegere, acceptare a emoțiilor) în cursul sesiunilor de terapie.
6) Să ne încurajeze și să ne ajute să găsim metode sănătoase de a ne împlini nevoile *în afara* sesiunilor de terapie.
7) Să fie într-o fază avansată de vindecare a propriului copil interior.
8) Să nu se folosească de noi pentru a-și îndeplini propriile nevoi (acest aspect poate fi dificil de detectat).
9) Să ne simțim în siguranță și destul de confortabil în prezența ei.

Uneori, un prieten în perioada vindecării poate avea multe dintre aceste calități. Însă un prieten sau o rudă nu e obligată să vă asculte cu toată atenția și în general nu are pregătirea necesară pentru a vă ajuta să vă ocupați de problemele dumneavoastră specifice. Prietenii și rudele ar putea să vă folosească pentru a-și satisface *propriile* nevoi, uneori în moduri nesănătoase sau neconstructive. Iar unii dintre ei – de obicei în mod inconștient – ar putea să vă trădeze sau să vă respingă, mai devreme sau mai târziu. E posibil să ajungeți să vă simțiți o persoană „toxică“ sau să aveți impresia că o luați razna. În general, nu e bine să vă aflați în preajma unor persoane care n-au parcurs propriul proces de vindecare. Evitați-le pe cât posibil.

Probabil va dura o vreme până când veți începe să aveți suficientă încredere în procesul terapeutic și de recuperare pentru a vă asuma riscul de a vă expune sinele real. Acordați-vă acest răgaz. În unele cazuri, timpul necesar va fi relativ scurt, de doar câteva săptămâni. În altele, ar putea dura mai mult de un an. E important să-i împărtășiți fricile dumneavoastră terapeutului, să nu vă abțineți. Acest pas în sine sparge tiparul de renegare a propriilor trăiri pe care vi l-ați format în copilărie.

Când vă simțiți puțin mai încrezători, puteți începe să vă dezvăluiți secretele, temerile sau grijile cele mai ascunse. Am vorbit despre puterea vindecătoare a împărtășirii propriei povești în capitolul 12 și în *Alcoholism and Spirituality* (*Alcoolism și spiritualitate*); și alții au abordat acest subiect (Kurtz, 1979). Vă este de ajutor să vorbiți, la terapie de grup sau în cadrul unor sesiuni individuale, chiar dacă la început s-ar putea să vă bâlbâiți sau să divagați. Simțiți-vă liber să-i cereți feedback consilierului, terapeutului, liderului de grup sau membrilor acestuia. Indiferent ce tip de terapie alegeți, este util să faceți o bună parte din munca de recuperare pe cont propriu, *în afara* sesiunilor. Asta înseamnă să vă puneți întrebări, să vă gândiți la diversele idei și posibilități, să le puneți la îndoială și să le explorați, să țineți un jurnal, să vă povestiți visele unor oameni de încredere, să rezolvați conflictele cu alte persoane.

În fine, când vorbiți cu alții despre voi înșivă, e bine s-o faceți într-un mod cât mai clar și concis, mai ales în cadrul unui grup de terapie sau de sprijin.

Conform unui truism din domeniul consilierii, persoanele care fac terapie interacționează și se comportă la ședințe la fel ca în afara lor. Poate fi util să cereți părerea terapeutului sau a grupului cu privire la acest aspect.

În domeniul terapeutic, există un fenomen numit „transfer“, care se referă la emoțiile și conflictele din relația cu consilierul, terapeutul sau grupul (Jacoby, 1984). Asumați-vă riscul și spuneți exact ce simțiți, chiar dacă e vorba despre furie, rușine sau vinovăție, oricât de neimportant vi s-ar părea acest lucru la început. Emoțiile dumneavoastră sunt valide, chiar dacă vă temeți că ar putea fi negative sau nejustificate.

❖❖❖

Când aveți suficientă încredere pentru a risca să vă expuneți, de obicei sunteți pregătit să începeți să lucrați în mod conștient la rezolvarea unora dintre *problemele fundamentale* din viața dumneavoastră; despre asta vom vorbi în următorul capitol.

Capitolul 9

Cum să începi să lucrezi la rezolvarea problemelor fundamentale

O *problemă* reprezintă orice conflict, motiv de îngrijorare sau potențială problemă, conștientă sau inconștientă, care a rămas nerezolvată sau necesită o acțiune ori o schimbare.

În procesul de vindecare a copilului interior pot fi implicate cel puțin 14 *probleme fundamentale*. Opt dintre acestea au fost descrise de medici și autori precum Gravitz și Bowden (1985), Cermak și Brown (1982) și Fischer (1985). Aceste teme fundamentale sunt următoarele: controlul, încrederea, emoțiile, responsabilitatea excesivă, neglijarea propriilor nevoi, gândirea și comportamentul de tip totul sau nimic, tolerarea comportamentelor nepotrivite și stima de sine redusă. Eu am adăugat autenticitatea, doliul după pierderile nerezolvate, frica de abandon, dificultăți în rezolvarea conflictelor și dificultăți în a oferi și a primi iubire.

Când în viața noastră apar probleme, griji, conflicte sau tipare, putem discuta despre ele cu anumite persoane de încredere, care ne susțin. La început s-ar putea să nu fie clar care dintre aceste probleme fundamentale se regăsesc în cazul nostru. Ele nu ni se prezintă ca niște „probleme". Inițial se manifestă ca niște necazuri cu care ne confruntăm în viața de zi cu zi. Însă pe măsură ce reflectăm și ne spunem povestea, de obicei va deveni limpede despre ce problemă sau probleme este vorba. Acest lucru ne va ajuta să ne eliberăm treptat de confuzie, nemulțumire și tiparele negative inconștiente (compulsii repetitive sau retrăiri).

Gândirea și comportamentul de tip „totul sau nimic“

Acestea reprezintă mecanismul de protecție a egoului împotriva suferinței pe care terapeuții îl numesc „scindare“. Când gândim sau acționăm în acest fel, ne situăm la una sau alta dintre extreme. De exemplu, fie iubim pe cineva din tot sufletul, fie îl urâm. Nu există cale de mijloc. Din punctul nostru de vedere, oamenii din jur sunt buni sau răi, nu au părți bune și părți rele, cum se întâmplă în realitate. Și pe noi înșine ne judecăm la fel de aspru. Cu cât gândim mai mult în tiparul „totul sau nimic“, cu atât devenim mai predispuși către un *comportament* de același tip. Ambele aspecte tind să ne provoace probleme și să ne facă să suferim în mod inutil.

E posibil să fim atrași de alte persoane care gândesc și se comportă în același fel. Însă prezența acestor persoane tinde să ne aducă noi probleme și suferințe.

Tabelul 3 (pag. 56) prezintă tipurile de situații parentale asociate cu dinamicile copiilor adulți de alcoolici și din alte familii disfuncționale. Gândirea de tip „totul sau nimic“ poate fi prezentă în oricare dintre aceste situații, însă o întâlnim cu precădere în cazul părinților cu o înclinație spre fundamentalismul religios. Aceștia sunt deseori rigizi, punitivi, critici și perfecționiști. De multe ori trăiesc într-un sistem bazat pe rușine, care încearcă să ascundă și chiar să distrugă sinele adevărat.

Gândirea „totul sau nimic“ este similară cu alcoolismul activ, dependența de o altă substanță, codependența sau alte adicții și atașamente active prin faptul că ne limitează drastic alegerile și posibilitățile. Această limitare ne face să ne simțim constrânși, incapabili să ne manifestăm creativitatea și să progresăm în viața de zi cu zi.

În cursul procesului de recuperare, aflăm că majoritatea lucrurilor din viață, inclusiv vindecarea, nu sunt de genul „totul sau nimic“, „ori una, ori alta“. Sunt mai degrabă de genul „și una, și alta“. Au nuanțe de gri, sunt undeva la mijloc: seamănă mai degrabă cu „3, 4, 5, 6 sau 7“ decât cu „fie 0, fie 10“.

Controlul

Controlul este, poate, tema cel mai des întâlnită în viața noastră. Indiferent ce credem că trebuie să controlăm – comportamentul altcuiva, comportamentul propriu sau altceva – sinele nostru fals tinde să se agațe de acest concept și să nu-i mai dea drumul. Deseori, asta duce la suferință emoțională, confuzie și frustrare.

În esență, nu putem controla viața; cu cât mai mult încercăm s-o controlăm, cu atât ne simțim mai puțin stăpâni pe ea, întrucât ne concentrăm toată atenția asupra controlului. Deseori, persoana care simte că n-are niciun control e obsedată de nevoia de a deține controlul.

Controlul poate fi numit și „atașament“. Oamenii înțelepți au descoperit că atașamentul sau nevoia de control reprezintă sursa suferinței. Fără îndoială, suferința face parte din viață. Poate fi nevoie să suferim pentru a descoperi că avem și alte alegeri. Suferința ne poate arăta calea către pacea interioară. O metodă aproape sigură de a ne alina suferința este renunțarea: renunțăm la sinele nostru fals, la atașamentul nostru de ideea că putem controla orice. Suferim atunci când opunem rezistență realității. Și, treptat, descoperim că unul dintre actele cu cel mai puternic efect vindecător este renunțarea la nevoia de a deține tot timpul controlul. Aceasta este libertatea sinelui nostru adevărat. În acest context, „a renunța" nu înseamnă „a ne da bătuți" sau „a capitula" în sensul militar, de a pierde războiul. Cel care renunță la încercările de a deține controlul câștigă bătălia și își ameliorează în mare măsură suferința fără rost pe care i-o provoacă aceste încercări (Whitfield, 1985). Acesta devine un proces permanent, nu un scop pe care trebuie să-l atingem o singură dată.

Nevoia de a deține „controlul" este strâns legată de alte probleme majore din viața noastră: puterea voinței, frica de a nu pierde controlul, dependență/independență, încrederea, trăirea emoțiilor ca furia, stima de sine și rușinea, spontaneitatea, grija față de noi înșine, gândirea de tip „totul sau nimic", așteptările de la noi înșine și de la ceilalți. Multe persoane nu s-au ocupat de aceste aspecte atât de importante. Însă în general au impresia că au depășit, adică au reușit să controleze aceste chestiuni și toate celelalte probleme din viață. Chiar au convingerea că, într-un fel sau altul, pot controla *viața însăși.*

E neplăcut să afli că *viața nu poate fi controlată.* Procesul puternic și misterios al vieții merge înainte, orice am face. Viața nu poate fi controlată, fiindcă este mult prea abundentă, spontană și expansivă pentru a fi înțeleasă pe deplin și cu atât mai puțin pentru a fi luată în stăpânire de gândirea noastră, de egoul/sinele nostru fals dornic de control (Cermak, 1985).

În acest punct, e posibil să descoperim că există o cale de ieșire, un mod de a ne elibera de suferința asociată cu nevoia noastră constantă de a deține controlul. Soluția este să renunțăm, după care să devenim treptat un *cocreator* al vieții noastre. Aici intervine aspectul spiritual al recuperării, care ne poate ajuta enorm. Participarea la programe în 12 pași – precum Al-Anon (destinate familiilor și prietenilor alcoolicilor), Alcoolicii Anonimi, Dependenții de Narcotice Anonimi, ACA/ACoA, CoDA (pentru vindecarea de codependență), programe destinate celor cu tulburări alimentare și altele asemenea – poate fi foarte utilă. Ne pot ajuta și alte metode spirituale.

Pentru a rezolva problema controlului, e necesar să cerem ajutorul persoanelor potrivite și să nu mai opunem rezistență. Atunci începem să ne descoperim sinele adevărat și să ne simțim mai vii.

Responsabilitatea excesivă

Multe dintre persoanele care provin din familii cu probleme sau disfuncționale au învățat să fie responsabile în exces. Acesta părea să fie singurul mod de a evita multe dintre emoțiile dureroase, precum furia, frica și suferința. De asemenea, le dădea iluzia că sunt stăpâne pe situație. Însă ceea ce părea să funcționeze pe vremuri nu are neapărat efecte pozitive și în prezent.

Un pacient de-ai mei în vârstă de 40 de ani mi-a spus că nu refuza niciodată sarcinile de la serviciu, iar asta îi cauza foarte multă suferință. După ce a lucrat cu el însuși timp de doi ani, făcând terapie de grup și urmând un curs prin care și-a sporit încrederea în sine, a învățat să spună „nu" și să-i lase pe alții să se ocupe de ceea ce el nu poate sau nu vrea să facă. Este pe cale să-și descopere sinele adevărat, copilul interior.

Alte persoane, în loc să facă exces de responsabilitate, sunt iresponsabile, pasive și au impresia că sunt niște victime ale lumii din jur. Rezolvarea acestor probleme în procesul de vindecare le va ajuta și pe ele la fel de mult; unora dintre ele le-ar fi util să învețe cum să definească granițe sănătoase (Whitfield, 1995).

Neglijarea propriilor nevoi

Respingerea și neglijarea nevoilor proprii sunt strâns legate-responsabilitatea excesivă. Ambele sunt manifestări ale sinelui nostru fals. În acest moment, vă recomand să revedeți capitolul 4. Unii dintre voi vor considera util să facă o copie a tabelului 2, în care sunt menționate o parte dintre nevoile umane, și să pună această listă într-un loc ușor accesibil, eventual s-o poarte asupra lor.

Observându-ne și lucrând cu noi înșine, vom începe să identificăm oameni și locuri care ne permit să ne satisfacem aceste nevoi de o manieră sănătoasă. Treptat, pe măsură ce ne sunt îndeplinite din ce în ce mai multe nevoi, vom descoperi un adevăr crucial: acela că *noi* suntem cea mai influentă, puternică și eficientă persoană care ne poate ajuta să obținem ceea ce vrem. Cu cât ne devine mai clar acest lucru, cu atât avem șanse mai mari să ne descoperim, să ne revendicăm și să ne satisfacem nevoile. Iar pe parcurs copilul nostru interior începe să se trezească și, în cele din urmă, să înflorească, să evolueze și să creeze. Virginia Satir a spus: „Trebuie să ne vedem pe noi înșine ca pe niște miracole demne de iubire".

Tolerarea comportamentelor nepotrivite

Copiii proveniți din familii cu probleme sau disfuncționale nu știu ce înseamnă „normal", sănătos sau potrivit. Neavând alte puncte de reper, ei cred că familia și viața lor, marcate de incoerență, traume și suferințe, reprezintă realitatea.

De fapt, atunci când ne asumăm rolul sinelui nostru fals, pe care tind să-l încurajeze familiile, relațiile de prietenie și mediile profesionale disfuncționale, ne blocăm în acest rol: nu ne dăm seama că există și un alt mod de a fi.

În cursul procesului de recuperare, fiind îndrumați corespunzător și primind feedback de la persoane cu experiență și de încredere, înțelegem treptat ce înseamnă „sănătos" și „potrivit". Alte probleme corelate cu aceasta sunt excesul de responsabilitate, neglijarea propriilor nevoi și emoții, problemele legate de granițele personale, rușinea și lipsa stimei de sine.

Tim era un bărbat necăsătorit, în vârstă de 30 de ani, care venea de două luni la grupul nostru de terapie. Ne-a spus: „În copilărie, mă simțeam obligat să asist la discursul și comportamentul irațional al tatălui meu când era băut, ceea ce se întâmpla în fiecare seară și aproape pe toată durata weekendurilor. Când încercam să mă îndepărtez de el, mă simțeam foarte vinovat, iar mama nu făcea decât să amplifice sentimentul de vinovăție, acuzându-mă de egoism. Chiar și acum, la vârsta adultă, îi las pe alții să se poarte urât cu mine. Unora aproape că le permit să mă calce în picioare. Dar înainte să aflu despre copiii adulți din familiile cu probleme, să încep să citesc despre asta și să merg la întâlniri, credeam că e ceva în neregulă cu mine". Tim descoperă că e foarte tolerant în ce privește comportamentul nepotrivit al altora și începe să se elibereze de această formă, deseori subtilă, de abuz.

Frica de abandon

Frica de a nu fi abandonați își are originea în primele ore, minute și secunde ale existenței noastre. Asociată cu problema încrederii și a lipsei de încredere, această frică este adesea mai intensă în cazul copiilor care au crescut în familii cu probleme sau disfuncționale. Astfel, pentru a combate această frică, deseori alegem să nu avem încredere. Ne reprimăm emoțiile ca să nu suferim.

Unii dintre pacienții mei mi-au spus că, atunci când erau copii, părinții lor *îi amenințau* că-i vor părăsi sau abandona ca măsură disciplinară. Asta constituie un act de cruzime și o traumă care unora s-ar putea să le pară inofensivă, dar după părerea mea este o formă subtilă de abuz al copilului.

Juan era un bărbat divorțat, în vârstă de 34 de ani, un scriitor de succes, care crescuse într-o familie cu probleme și disfuncțională. La grupul de terapie, ne-a spus următoarele: „Nu-mi amintesc mare lucru din viața mea înaintea vârstei de 5 ani, dar pe vremea aceea tata ne-a părăsit din senin pe mine, pe mama și pe sora mea mai mică! Îi spusese mamei ca avea o treabă de rezolvat în celălalt capăt al țării și că se va întoarce. Dar nouă, copiilor, nu ne-a spus nimic. În plus, mama m-a trimis la o mătușă care locuia la aproape 1 000 de kilometri de noi, fără să-mi spună de ce. Probabil că am fost șocat. Am negat totul până acum. Abia în ultimele câteva luni am intrat în contact cu emoțiile mele, nu doar cele legate de faptul că NEMERNICUL acela m-a părăsit, ci și cu cele legate de respingerea mamei. Cred că băiețelul acela din interiorul meu a suferit enorm. Abia acum încep să mă înfurii în legătură cu asta". La o sesiune ulterioară, ne-a spus: „Un mod în care am învățat să mă feresc de abandon a fost să nu mă apropii prea mult de oameni. Am avut relații cu femei de care m-am apropiat foarte mult, dar, dacă apărea vreun conflict mai serios, le părăseam imediat. Acum îmi dau seama că le abandonam înainte să mă abandoneze ele pe mine". Juan continuă să lucreze cu suferința și furia lui pentru a rezolva această problemă importantă din procesul lui de vindecare: abandonul.

Dificultăți în gestionarea și rezolvarea conflictelor

Incapacitatea de a gestiona și de a rezolva conflictele este o problemă fundamentală din procesul de recuperare a copiilor adulți. Este asociată și interacționează cu majoritatea celorlalte probleme fundamentale.

Când creștem într-o familie cu probleme sau disfuncționale, învățăm să evităm conflictele ori de câte ori este posibil. Când apare un conflict, învățăm să ne retragem din el într-un fel sau altul. Uneori, devenim agresivi și încercăm să-i dominăm pe cei cu care avem un conflict. Dacă aceste tehnici dau greș, e posibil să apelăm la viclenie și să încercăm să-i manipulăm pe ceilalți. Într-un mediu disfuncțional, aceste metode ne pot ajuta să supraviețuim. Dar sunt șanse mici să funcționeze într-o relație intimă sănătoasă.

Procesul de recuperare în sine – vindecarea copilului interior – presupune să descoperim conflictele, unul după altul, și să le rezolvăm pe rând. Dar e posibil să ne simțim copleșiți de frică și de celelalte emoții dureroase care ies la suprafață când ne apropiem de conflict. În loc să înfruntăm deschis durerea și conflictul, ne simțim tentați să revenim la metodele anterioare. Una dintre acestea este „Mă descurc singur". Problema este că această metodă nu ne-a ajutat întotdeauna.

Joanne era o femeie în vârstă de 40 de ani care participa de șapte luni la terapie de grup pentru copiii din familii disfuncționale, deveniți acum adulți. A încercat să se impună drept membrul cel mai influent. Dar când Ken s-a alăturat grupului, a încercat s-o domine pe Joanne, iar uneori atitudinea lui agresivă o împiedica să aibă aceeași influență ca înainte. După câteva altercații între cei doi, Joanne a anunțat că hotărâse să se retragă. În urma unui proces de explorare în grup, a ieșit la iveală esența conflictului dintre ei. Eu și coliderul meu am spus: „Joanne, Ken și grupul se află într-un punct de răscruce al vindecării lor. Vă aflați chiar în mijlocul unui conflict *important*. Având în vedere că grupul e un loc care va oferă siguranță, aveți ocazia să lucrați la rezolvarea unei probleme fundamentale pentru amândoi. Cum ați gestionat conflictele în trecut?“

Membrii grupului au povestit că deseori fugeau de conflicte sau deveneau agresivi ori chiar manipulativi, însă asta nu funcționase în cazul lor. Cineva i-a spus lui Joanne: „Ai ocazia să rezolvi această problemă. Sper să nu pleci“. Joanne a spus că se va gândi la asta, iar săptămâna următoare s-a întors și a afirmat că se hotărâse să rămână în grup.

Le-a spus membrilor grupului că avea impresia că ei n-o ascultau și n-o susțineau, mai ales de când li se alăturase Ken. Au ieșit la iveală mai multe aspecte, inclusiv faptul că lui Joanne îi fusese întotdeauna greu să-și recunoască nevoile și să le satisfacă. De asemenea, întotdeauna se simțise neapreciată și neiubită de părinții ei. Ea, Ken și grupul s-au ocupat de conflictul lor și l-au rezolvat pe parcursul câtorva sesiuni de terapie.

Pentru a gestiona și rezolva un conflict, mai întâi trebuie să admitem existența lui. Apoi, dacă ne simțim în siguranță, putem să ne asumam riscul de a ne dezvălui grijile, sentimentele și nevoile. Străduindu-ne să rezolvăm conflictul, învățăm să identificăm și să gestionăm din ce în ce mai bine conflictele din trecut și cele actuale, atunci când apar.

E nevoie de curaj pentru a identifica și a gestiona un conflict.

Cum începem să vorbim despre problemele noastre

În cursul procesului de recuperare, începem să scoatem la lumină, din adâncurile sinelui nostru real, diferite experiențe și frici, precum cea de a fi abandonat. Când ne împărtășim sentimentele, grijile, confuziile și conflictele în compania unor persoane de încredere și care ne acceptă, construim o poveste pe care altminteri s-ar putea să nu fim capabili s-o spunem. Deși celorlalți le este util să audă poveștile noastre, ceea ce ne ajută cel mai mult să ne vindecăm este că *noi înșine*, povestitorii, avem ocazia *să ne auzim propria poveste.* Înainte de a o relata, nu știm întotdeauna exact care va fi rezultatul.

Prin urmare, indiferent care este preocuparea, problema sau tema pe care trebuie să o rezolvăm, asumarea riscului de a vorbi despre aceasta cu una sau mai multe persoane de încredere este o metodă de a ne elibera de povara inutilă a tăcerii și a suferinței reprimate. Iar când ne spunem povestea cu toată sinceritatea, de la nivelul sinelui nostru real, descoperim adevărul despre noi înșine. Acest lucru are efect vindecător.

Cel mai adesea, când problemele și sentimentele fundamentale ies la iveală devreme în procesul nostru de vindecare, sinele nostru fals le camuflează sub alte forme sau măști. Trebuie să învățăm să recunoaștem aceste probleme atunci când se manifestă. Unul dintre avantajele faptului de *a vorbi cu persoane de încredere despre problemele noastre* este că asta ne ajută *să le expunem și să le clarificăm.*

Alte probleme

Dintre celelalte probleme fundamentale, am discutat deja despre rușine și lipsa stimei de sine în capitolul 6. Pe parcursul acestei cărți, vorbesc despre autenticitate, procesul de doliu după pierderi, gestionarea trăirilor și rezolvarea conflictelor. Am scris și alte cărți care tratează aceste teme fundamentale, iar în *My Recovery* (2003) relatez cum putem să le includem atunci când construim un plan personal de vindecare.

Activarea problemelor fundamentale

Există multe situații care ne pot activa problemele fundamentale, astfel încât ajung să se manifeste deschis în viața noastră. O asemenea situație este o *relație intimă*, în care două sau mai multe persoane îndrăznesc să-și arate sinele adevărat. Într-o relație intimă, scoatem la lumină părți din noi pe care rareori le dezvăluim altora. Acest lucru aduce numaidecât în discuție chestiuni precum încrederea, emoțiile și responsabilitatea. Deși în cursul procesului de recuperare avem ocazia de a crea multe relații intime, relația noastră cu consilierul, terapeutul, sponsorul sau membrii grupului de terapie poate să activeze numeroase probleme și chiar o va face. Pentru a le aborda într-un mod constructiv, e bine să ne exersăm sinele adevărat cât mai mult cu putință. Pentru asta este nevoie să nu mai opunem rezistență, să avem încredere, să riscăm și să participăm. Iar toate aceste lucruri pot fi înfricoșătoare.

Alte situații care pot activa sau precipita ieșirea la suprafață a acestor probleme fundamentale sunt *schimbările majore* din viața noastră (Levin, 1980), *solicitările* în ce privește *performanțele* noastre de la lucru, de acasă sau de la joacă și, mai cu seamă, *vizitele la părinți* sau familia de origine (Gravitz și Bowden, 1985). Când ies la suprafață trăirile, frustrările și problemele vieții noastre, putem începe să ne eliberăm de ele fiind sinceri și dezvăluindu-ne sinele real unor persoane de încredere.

❖❖❖

În următoarele 3 capitole voi vorbi mai mult despre emoții și cum le putem folosi pentru a ne vindeca.

Capitolul 10

Identificarea și trăirea propriilor emoții

În procesul de vindecare a copilului interior, este esențial să devenim conștienți de emoțiile noastre și să le gestionăm într-un mod constructiv.

Persoanele care au crescut într-o familie cu probleme sau disfuncțională rămân adesea cu nevoile nesatisfăcute. Nesatisfacerea nevoilor ne face să suferim. *Simțim* emoțiile dureroase. Întrucât părinții și alți membri ai familiei nu sunt capabili să ne asculte, să ne susțină, să ne ofere afecțiune, să ne accepte și să ne respecte, deseori n-avem pe nimeni căruia să-i împărtășim trăirile noastre. Suferința emoțională e atât de intensă, încât ne apărăm de ea prin diverse mecanisme nesănătoase ale egoului, descrise în capitolul 8, reprimându-ne astfel sentimentele. Asta ne permite să supraviețuim, dar avem un preț de plătit. Devenim din ce în ce mai amorțiți din punct de vedere emoțional, mai izolați și mai falși.

Astfel, când nu suntem sinele nostru adevărat, nu putem evolua pe plan mental, emoțional și spiritual. Nu doar că ne simțim sufocați și lipsiți de vitalitate, ci suntem deseori frustrați și confuzi. Suntem în poziția victimei. *Nu suntem conștienți* de sinele nostru total și avem impresia că alții, „sistemul“ și lumea ne fac rău, ca și cum ne-am afla la mila acestora.

O metodă de a ne elibera de poziția victimei și suferințele asociate cu aceasta este să începem să ne identificăm și să ne trăim emoțiile. Iar un lucru care ne ajută să ne cunoaștem și să ne trăim emoțiile este să vorbim despre ele cu persoane de încredere și care ne susțin.

Bill avea 36 de ani și se bucura de succes pe plan profesional, dar nu și în relația intimă pe care și-o dorea. Într-o zi, la terapia de grup, a spus:

> „Simțeam ură față de propriile emoții și de faptul că mi se cerea întotdeauna să vorbesc despre ele aici. Particip de doi ani la acest grup și acum încep să înțeleg cât de importante sunt emoțiile mele. Și chiar încep *să-mi placă*, deși unele dintre ele sunt dureroase. În esență, atunci când îmi trăiesc emoțiile, mă simt mai viu".

Nu e nevoie să știm totul despre sentimentele noastre. Este suficient să știm că sunt importante, că fiecare dintre noi trăiește toate aceste emoții și că e un lucru sănătos să începem să le cunoaștem și să vorbim despre ele. Emoțiile noastre ne pot fi prietene. Dacă sunt gestionate în modul potrivit, nu ne vor trăda; nu ne vom pierde controlul și nu ne vom simți copleșiți, așa cum ne temem uneori.

Emoțiile noastre sunt modul în care ne percepem pe noi înșine. Ele constituie reacția noastră la lumea din jur, modul în care simțim că suntem vii (Viscott, 1976). Dacă nu suntem conștienți de ele, nu suntem cu adevărat conștienți de viață. Ele însumează experiența noastră și ne spun dacă ne e bine sau rău. Emoțiile sunt veriga cea mai utilă din relația noastră cu noi înșine, cu ceilalți și cu lumea care ne înconjoară.

Spectrul emoțiilor

Există două tipuri elementare de trăiri sau emoții: plăcute și dureroase. Emoțiile plăcute ne dau o senzație de bine, de putere și de completitudine. Emoțiile dureroase ne afectează starea de bine, ne consumă energia și ne pot face să ne simțim epuizați, singuri și goi pe dinăuntru. Însă, chiar dacă sunt neplăcute, ele deseori ne transmit ceva, un mesaj că se întâmplă ceva important, care ar putea avea nevoie de atenția noastră.

Conștientizarea emoțiilor noastre și curgerea lor naturală resimțită atunci când se manifestă în mod spontan, clipă de clipă și zi după zi, ne oferă mai multe avantaje. Emoțiile pot fi atât un avertisment, cât și o asigurare. Ele joacă rolul unor indicatori sau unor măsuri ale modului în care ne simțim în momentul prezent și într-un interval. Ne dau senzația că suntem vii și stăpâni pe noi înșine.

Sinele nostru real simte deopotrivă bucurie *și* durere. Le exprimă și le împărtășește persoanelor potrivite. Însă sinele nostru fals ne împinge să simțim mai degrabă emoții neplăcute și să le ținem în noi, fără să le exprimăm.

Pentru a simplifica lucrurile, vom prezenta emoțiile plăcute și pe cele dureroase sub forma unui spectru, începând cu cele mai agreabile, continuând cu cele mai neplăcute și încheind cu confuzia și amorțirea, ca mai jos:

Iubire necondiționată
Beatitudine
Bucurie
Compasiune și Empatie
Entuziasm
Mulțumire
Frică
Nefericire
Tristețe
Rușine și Vinovăție
Furie
Confuzie
Senzație de gol interior
Amorțire

Emoțiile sinelui fals (de la Frică la Amorțire)

Emoțiile sinelui real (de la Iubire necondiționată la Amorțire)

Din această perspectivă, observăm că sinele nostru real și adevărat – copilul nostru interior – este înzestrat cu o gamă mai vastă de posibilități decât am fi crezut. Păstrarea și evoluția copilului interior sunt asociate cu ceea ce psihoterapeuții și consilierii numesc un „ego (sau sentiment al propriei identități) puternic", un sine flexibil și creativ, capabil să se adapteze împrejurărilor nefavorabile din viață. Pe de altă parte, sinele fals tinde să fie mai limitat și să răspundă în principal emoțiilor neplăcute sau lipsei oricărei emoții, adică senzației de a fi amorțit. Sinele nostru fals tinde să fie asociat cu un „ego (sau sentiment al propriei identități) slab", mai puțin flexibil, mai rigid și centrat pe sine (negativ sau egocentric). [Inițial, Freud și discipolii lui au folosit termenul „ego" cu privire la ceea ce actualmente considerăm a fi atât sinele nostru adevărat, cât și sinele nostru fals. Dar începând din anul 1940, specialiștii în relațiile obiectuale și psihologia sinelui fac deosebire între ele și în general nu folosesc termenul „ego". În prezent majoritatea oamenilor asociază egoul cu sinele fals.] Pentru a masca suferința, folosim împotriva ei mijloace de apărare relativ nesănătoase, care ne oferă mai puține posibilități și alegeri în viață.

Niveluri de conștientizare a emoțiilor

Pentru a supraviețui, o persoană care a crescut sau trăiește într-un mediu problematic tinde să se limiteze la arsenalul de emoții al sinelui său fals. Când începem să explorăm și să devenim mai conștienți de simțămintele noastre, descoperim că există mai multe niveluri de conștientizare a lor – mai exact, patru, care sunt descrise pe scurt în paginile următoare.

1) Blocarea emoțiilor

Când nu putem simți o anumită emoție, capacitatea noastră de a o identifica și folosi în mod corect este *blocată* (tabelul 8). În această etapă, nu doar că *nu cunoaștem* emoția respectivă, dar nici nu putem înțelege și comunica starea sinelui nostru adevărat. Putem să stăm de vorbă la un nivel superficial sau chiar să raportăm fapte, dar interacțiunea noastră interpersonală și capacitatea noastră de a ne trăi viața și a evolua sunt foarte limitate. Această etapă de creștere și a împărtășirii emoțiilor noastre reprezintă nivelul 1.

2) Începutul explorării

La nivelul 2, putem începe să ne *explorăm* emoțiile. E posibil să fim precauți în ceea ce privește împărtășirea sentimentelor noastre proaspăt descoperite și să le exprimăm în cursul discuțiilor sub formă de idei și opinii, nu sub forma emoțiilor propriu-zise. Interacțiunile cu ceilalți și capacitatea noastră de a ne trăi viața și de a evolua rămân limitate, dar nu chiar ca la primul nivel. Majoritatea oamenilor *au* emoții și deseori le-ar plăcea să le exprime, însă cei mai mulți nu o fac; rezultatul este că sunt conștienți de emoțiile lor și le comunică într-o măsură redusă, mulțumindu-se să funcționeze la nivelurile 1 și 2. Folosirea limitată a emoțiilor este o caracteristică a sinelui fals.

3) Explorarea și trăirea

Când intrăm în contact cu sinele nostru real, începem să ne explorăm și să ne simțim emoțiile la un nivel mai profund, „visceral". La acest nivel, suntem capabili să le spunem celorlalți cum ne simțim cu adevărat când trăim emoțiile respective. Acest lucru ne permite să avem numeroase interacțiuni interpersonale cu oameni importanți pentru noi și să ne trăim viața mai din plin. Prin urmare, evoluăm pe plan mental, emoțional și spiritual. Când ajungem la acest nivel 3, mai eficient, deja ne cunoaștem mai bine și suntem mai capabili să trăim un sentiment de intimitate cu o altă persoană.

4) Împărtășirea emoțiilor

Totuși, împărtășirea emoțiilor este o sabie cu două tăișuri. În primul rând s-ar putea să le dezvăluim cuiva care nu e dispus să ne asculte. Poate că persoana respectivă funcționează la nivelul 1 sau 2 și nu e capabilă să ne asculte. Sau e posibil să ne dea impresia că ascultă, dar de fapt să fie preocupată de propriile sale planuri, care sunt total diferite de ale noastre. Se pot întâmpla lucruri și mai neplăcute. E posibil să ne împărtășim emoțiile unei persoane care nu e de încredere și nu ne susține; s-ar putea să fim respinși fiindcă ne-am deschis sufletul și chiar să fim trădați. Dificultățile legate de împărtășirea emoțiilor sunt prezentate în tabelul de pe pagina următoare.

Ken avea 34 de ani și era un agent de vânzări de succes; crescuse într-o familie în care tatăl și fratele lui erau alcoolici, iar mama era coalcoolică. La întâlnirile grupului de terapie, a povestit că, recent, îi condiționase fratelui său participarea la o petrecere aniversară organizată acasă la el, cerându-i să nu bea și să nu consume droguri. Când a fost întrebat de membrii grupului ce simțea în legătură cu posibilitatea ca fratele lui să perturbe petrecerea – așa cum obișnuia să facă în trecut –, Ken le-a spus că nu îl deranja. Membrii grupului l-au întrebat ce simțea *cu adevărat*, iar el a spus din nou: „Mda, nu mă deranjează. Dar v-am spus asta azi ca să vă cer părerea". Grupul a continuat să-l întrebe ce simțea de fapt.

Tabelul 8. Niveluri ale conștientizării și comunicării emoțiilor, cu indicații privind împărtășirea lor
(adaptare după Dreitlein, 1984)

Nivelul emoțiilor	Comunicare	Autodezvăluire	Interacțiune interpersonală și capacitatea de a evolua	Persoane cărora le împărtășim emoțiile noastre	
				Nepotrivite	Potrivite
Blocaj	Conversație superficială, raportarea de fapte	Nu fapte evidente	Nu	Majoritatea oamenilor	Oameni aleși
Începutul explorării	Idei și opinii prin care le facem pe plac altora	Cu precauție În mod accidental	Nivel redus	Oameni care nu ascultă	Oameni care ascultă
Explorare și exprimare	Trăire autentică, viscerală	Disponibilitate Deschidere	Nivel ridicat	Oameni care ne resping sau ne trădează	Oameni de încredere și care ne susțin
Deschidere, exprimare, observare	Optimă	Completă atunci când ne face viața mai bună	Din plin	Oameni care ne resping sau ne trădează	Oameni de încredere și care ne susțin

Treptat, Ken și-a dat seama că își blocase și suprimase frica, furia, frustrarea și confuzia, și a mărturisit asta grupului.

Ken a profitat de faptul că participa la un grup terapeutic, folosindu-se de membrii acestuia ca de o oglindă și cerându-le părerea. Venea la terapie de trei luni și începea să aibă încredere în grup, considerându-l un loc unde se simțea în siguranță și o resursă căreia îi putea încredința grijile și confuziile sale. A folosit grupul ca să-l ajute să descopere o parte importantă a sinelui său adevărat, emoțiile sale.

Este foarte important să ne împărtășim emoțiile unor oameni de încredere și care ne susțin. La începutul procesului de recuperare, persoanele care au crescut în familii disfuncționale își doresc atât de mult să se dezvăluie, încât ajung să fie respinse, trădate sau să aibă alte probleme fiindcă își împărtășesc sentimentele oricui, la întâmplare. Înțeleg mai greu că *nu e bine să dezvăluie tuturor ceea ce simt.*

Tehnica „împărtășește-observă-împărtășește" și ce înseamnă persoane de încredere

Cum decidem cine merită încrederea noastră și cine nu? O idee este să folosim tehnica „împărtășește–observă–împărtășește" (Gravitz și Bowden, 1985). Când vrem să ne deschidem sufletul, dar nu suntem siguri în cine să avem încredere și în cine nu, putem împărtăși o mică parte din trăirile noastre anumitor persoane, după care să observăm cum reacționează. Dacă nu par să ne asculte, încearcă să ne judece ori se grăbesc să ne dea sfaturi, poate ar fi bine să nu le mai împărtășim emoțiile noastre. Dacă încearcă să ne conteste sentimentele sau dacă ne resping și, cu atât mai mult, dacă ne trădează vorbind despre noi, dezvăluind altora ceea ce le-am spus, probabil că nu sunt persoane de încredere. Însă dacă *ascultă*, ne sprijină și nu reacționează ca mai sus, putem continua să le împărtășim trăirile noastre. Alte indicii după care putem recunoaște o persoană de încredere sunt faptul că nu evită contactul vizual, tinde să manifeste *empatie* și *nu se grăbește să ne schimbe pe noi, situația noastră sau emoțiile noastre.* Pe termen lung, o persoană de încredere ne va asculta și ne va susține întotdeauna, *nu ne va trăda și nu ne va respinge.*

Câteva ocazii de a exersa această metodă sunt grupurile de terapie, grupurile de sprijin, discuțiile cu un consilier, un terapeut, un sponsor, un prieten apropiat sau o persoană dragă.

Spontaneitate și atenție

Când începem să ne simțim mai confortabil și să avem mai multă încredere în sinele nostru adevărat și în alții, putem să ne deschidem sufletul în tot mai mare măsură, *într-un mod selectiv.* Practicarea și perfecționarea acestei metode ne permite să ne *observăm* emoțiile în tot mai mare măsură (nivelul 4). Pe parcurs, vom descoperi un principiu important al vindecării: *nu suntem emoțiile noastre.* Deși emoțiile pe care le simțim sunt utile și chiar joacă un rol crucial în ce privește vivacitatea noastră și capacitatea noastră de a ne cunoaște și a ne bucura de noi înșine și de ceilalți, putem în același timp să le observăm pur și simplu. Asta ne permite să fim în armonie cu sentimentele noastre. Nu suntem copleșiți sau dominați de ele. Nu suntem victimele lor. Acesta este un nivel avansat de a lucra cu emoțiile noastre.

Transformarea emoțiilor

Pentru fiecare emoție există o trăire opusă (tabelul 9). Când devenim conștienți de emoțiile noastre dureroase, le simțim și apoi ne detașăm de ele, le putem transforma în emoții plăcute.

Asta ne permite să fim recunoscători pentru faptul că ne transformăm suferința în bucurie, „blestemul" în dar.

Emoțiile noastre conlucrează cu voința și intelectul nostru pentru a ne ajuta să trăim și să evoluăm. Dacă le negăm, distorsionăm, reprimăm sau suprimăm, nu facem decât să le blocăm curgerea către finalul lor firesc. *Emoțiile blocate pot cauza suferințe și boli.* Pe de altă parte, când suntem conștienți de experiența noastră, când ne împărtășim și acceptăm sentimentele, după care ne eliberăm de ele, sunt șanse să fim mai sănătoși și mai capabili să atingem seninătatea sau pacea interioară, care reprezintă starea noastră naturală.

A ne ocupa pe îndelete de emoțiile noastre este esențial pentru dezvoltarea și fericirea noastră. Pentru a ne elibera de o emoție dureroasă, e necesar „să trecem prin ea".

Tabelul 9. Câteva emoții și contrariile lor
(compilație parțială după Rose *et al.*, 1972)

Emoții dureroase*	Emoții agreabile
Frică**	Speranță
Furie**	Afecțiune
Tristețe	Bucurie
Ură	Iubire
Singurătate	Comuniune
Apăsare	Ușurare
Plictiseală	Implicare
Frustrare	Mulțumire
Inferioritate	Egalitate
Suspiciune	Încredere
Repulsie	Atracție

Timiditate	Curiozitate
Confuzie	Claritate
Respingere	Sprijin
Neîmplinire	Satisfacție
Slăbiciune	Tărie
Vinovăție	Nevinovăție
Rușine**	Mândrie
Gol interior	Mulțumire
	Împlinire

* Poate ați observat că nu le numesc emoții „negative", întrucât a le simți pe unele dintre ele poate fi adesea un lucru pozitiv sau util, în funcție de cum le folosim.

** Frica, furia și rușinea sunt, poate, emoțiile noastre cele mai inutile.

Emoțiile noastre sunt o parte vitală a unei dinamici ce joacă un rol crucial în evoluția noastră – în acest caz, al procesului de doliu. Când pierdem ceva important pentru noi, e necesar *să ținem doliu* pentru a merge mai departe, lucru despre care vorbesc în următorul capitol.

Capitolul 11

Procesul de doliu

O traumă reprezintă o *pierdere*, reală sau potențială. Ne confruntăm cu o pierdere atunci când suntem privați de sau trebuie să ne descurcăm fără un lucru pe care l-am avut și l-am prețuit, un lucru de care aveam nevoie, pe care ni-l doream sau la care ne așteptam.

Pierderile sau traumele minore sunt atât de frecvente și de subtile, încât deseori nici nu ne dăm seama că am suferit o pierdere. Însă toate pierderile produc suferință sau nefericire. Suferința și emoțiile pe care le trăim cu o asemenea ocazie reprezintă *procesul de doliu*. Când ne permitem să *trăim* aceste emoții dureroase, le *identificăm* exact și ne *împărtășim* suferința, în timp, unor persoane de încredere și care ne susțin, putem să *finalizăm* procesul de doliu și să mergem mai departe.

Însă acest proces necesită timp, mai ales atunci când pierderea e mai însemnată. În cazul unei pierderi minore, putem parcurge procesul de doliu în doar câteva ore, zile sau săptămâni. În cazul unei pierderi moderate, procesul poate dura între câteva luni și un an sau mai mult. Iar dacă am suferit o pierdere majoră, perioada necesară pentru a parcurge tot procesul de doliu în mod adecvat este cuprinsă de obicei între doi și patru ani ori chiar mai mult.

Pericolele doliului nefinalizat

Suferința nerezolvată supurează precum o rană adâncă acoperită de o cicatrice, fiind un punct sensibil care se poate reactiva în orice moment (Simos, 1979). Când ne confruntăm cu o pierdere sau o traumă, aceasta trezește în noi o energie care trebuie eliberată. Dacă nu ne eliberăm de ea, stresul se tot acumulează, dând naștere unei stări de suferință cronică. Kritsberg (1986) numește asta „șoc cronic". Suferința cronică este depozitată în interiorul nostru sub forma unui disconfort sau a unei tensiuni pe care inițial ne poate fi greu s-o recunoaștem. Este posibil s-o simțim sau s-o trăim prin intermediul unei game largi de manifestări, precum anxietate cronică, tensiune, frică sau nervozitate, furie sau resentimente, tristețe, gol interior, neîmplinire, confuzie, rușine, vinovăție sau, cum se întâmplă în cazul multor persoane care au crescut într-o familie disfuncțională, ca o senzație de amorțire sau „lipsa oricăror emoții". Aceste senzații se pot manifesta intermitent la aceeași persoană. Alte posibile simptome sunt insomnia, durerile și alte tulburări somatice, iar în final se pot instala afecțiuni fizice sau mental-emoționale, inclusiv PTSD. Pe scurt, atunci când nu parcurgem procesul de doliu până la capăt, într-un mod sănătos, avem un preț de plătit.

Dacă în copilărie am suferit pierderi pe care nu ni s-a permis să le plângem, e posibil să ducem cu noi până la vârsta adultă unele dintre tulburările menționate mai sus. De asemenea, putem fi predispuși la un comportament autodistructiv sau orientat spre distrugerea altora. Aceste comportamente distructive pot să ne facă nefericiți atât pe noi, cât și pe cei din jurul nostru, să ne creeze probleme și să provoace o criză după alta. Repetarea acestor comportamente distructive poartă numele de „compulsia la repetiție". Este ca și cum am avea un impuls inconștient de a repeta unul sau mai multe dintre aceste comportamente, chiar dacă de obicei nu sunt în interesul nostru.

Copiii care au crescut într-o familie cu probleme sau disfuncțională suferă multe pierderi pe care adesea nu le pot jeli până la capăt. Numeroasele mesaje negative pe care le primesc atunci când încearcă să plângă duc la un blocaj major: ei *nu mai simt* și *nu mai vorbesc* despre asta (vezi și tabelul 6 din capitolul 6). Când aceste reguli și tipare învățate în copilărie și adolescență continuă la vârsta adultă, ele sunt dificil de schimbat. Cu toate acestea, când căutăm să ne vindecăm copilul interior, să ne descoperim, să ne hrănim și să fim sinele nostru adevărat, putem schimba aceste comportamente și manifestări ineficiente. Iar astfel începem să ne eliberăm din frâiele confuziei și ale suferinței repetate și fără rost. Mai întâi trebuie să ne *identificăm* și să ne *denumim* pierderile și traumele. După aceea putem începe să le *retrăim*, parcurgând procesul de doliu până la capăt, în loc să încercăm să-l ocolim și să-l evităm, așa cum am procedat până acum.

Începutul procesului de doliu

Procesul de doliu poate debuta în mai multe moduri. Unele dintre ele presupun să începem:

1) Să ne identificăm pierderile (adică *să le denumim cu acuratețe*).
2) Să ne identificăm nevoile (tabelul 2).
3) Să ne identificăm emoțiile și să le împărtășim (capitolul 10).
4) Să lucrăm cu problemele noastre fundamentale (capitolul 9).
5) Să participăm la un program de recuperare.

Identificarea pierderilor și a traumelor

Nu e ușor să identificăm o suferință, o pierdere sau o traumă, mai ales una pe care am „înăbușit-o", reprimat-o sau suprimat-o. Mai ales dacă aceasta a avut loc cu mult timp în urmă. Deși poate fi util să vorbim despre suferința sau necazurile noastre, s-ar putea ca simpla „terapie prin vorbire" să nu fie suficientă pentru a activa trăirile sau doliul asociate cu pierderile pe care nu le-am jelit.

De aceea terapia sau tehnicile *experimentale* pot fi de mare ajutor în activarea și facilitarea procesului de doliu. Aceste tehnici – cum ar fi terapia de grup, expunerea lucrurilor care ne preocupă cu adevărat sau sculptura familială* – încurajează o concentrare și o spontaneitate ce fructifică procesele inconștiente care altminteri ar rămâne ascunse. Conform estimărilor, suntem conștienți de numai 12% din viața și cunoașterea noastră, restul de 88% petrecându-se la nivel *inconștient*. Aceste tehnici experimentale ne ajută nu doar să identificăm pierderile, ci și să parcurgem procesul de doliu. Iată în continuare câteva exemple de asemenea tehnici care pot fi folosite pentru vindecarea copilului interior prin doliul pe care îl ținem după suferințele, pierderile sau traumele nerezolvate:

1) Expunere și împărtășire, în special a emoțiilor, cu oameni de încredere și care ne susțin;
2) Storytelling (relatarea propriei noastre povești, care presupune să ne expunem și să împărtășim);
3) Lucrul cu transferul (ceea ce proiectăm sau „transferăm" asupra altora și invers, ce proiectează alții asupra noastră);

* O tehnică ce scoate la lumină dinamica familiei prin exprimare nonverbală. (n.trad.)

4) Psihodramă, reconstrucție, terapie Gestalt, sculptură familială;
5) Hipnoză și tehnici corelate;
6) Participarea la sesiuni ale unui grup de sprijin;
7) Programe în 12 pași (precum Al-Anon – program de recuperare pentru familiile și prietenii alcoolicilor, Alcoolicii Anonimi, Dependenții de Narcotice Anonimi, programele destinate persoanelor cu tulburări de alimentație etc.);
8) Terapie de grup (de obicei ne permite să practicăm în siguranța multe dintre aceste tehnici experimentale);
9) Terapie de cuplu sau familială;
10) Vizualizare ghidată;
11) Tehnici de respirație;
12) Afirmații;
13) Analiza viselor;
14) Terapie prin artă, mișcare și joacă;
15) Imaginație activă și folosirea intuiției;
16) Meditație și rugăciune;
17) Lucrul terapeutic cu corpul;
18) Ținerea unui jurnal.

Aceste tehnici experimentale trebuie folosite în contextul unui program de recuperare complet, în mod ideal sub îndrumarea unui terapeut sau consilier care cunoaște principiile vindecării copilului interior.

Pentru a ne putea identifica pierderile mai ușor, în special pe cele după care nu am ținut doliu, am compilat câteva exemple de pierderi (tabelul 10). În completarea acesteia, puteți reciti tabelul 5, care prezintă câțiva termeni referitori la diverse pierderi sau traume cu care e posibil să ne fi confruntat în copilărie și la vârsta adultă.

O pierdere poate fi subită, treptată sau prelungită. Poate fi parțială, totală, incertă sau fără sfârșit. Poate fi un eveniment singular ori unul multiplu și cumulativ. Are întotdeauna un caracter personal. De asemenea, există și pierderi simbolice.

Pierderile sunt o experiență universală, dar, întrucât ne confruntăm cu ele atât de des, e ușor să le trecem cu vederea. Ele sunt asociate întotdeauna cu scăderea stimei de sine. De fiecare dată când stima față de propria noastră persoană este afectată, suferim o pierdere (Simos, 1979).

Deși o pierdere este adesea un fenomen separat și discret, suferința care o urmează aduce la lumină pierderi anterioare nerezolvate, care au fost depozitate în inconștientul nostru. O pierdere după care nu am jelit rămâne vie pentru totdeauna în inconștient, care nu are senzația trecerii timpului. Astfel pierderile din trecut sau doar amintirea unei pierderi, precum și pierderile din prezent sau amintirea pierderilor din trecut trezesc frica de o potențială pierdere viitoare (Simos, 1979).

Tabelul 10. Câteva exemple de pierderi (compilație după Simos, 1979)

Persoană importantă – Relație apropiată sau semnificativă

Separare, divorț, respingere, părăsire, abandon, deces, întrerupere de sarcină, nașterea unui copil mort, boală, mutare, plecarea copiilor de acasă etc.

O parte a noastră

Imaginea corporală, o boală, un accident, pierderea unei funcții, a controlului, a stimei de sine, a independenței, a egoului, a așteptărilor, a stilului de viață, a unor nevoi, șoc cultural, schimbarea locului de muncă etc.

Copilărie

O educație sănătoasă, împlinirea nevoilor, o dezvoltare sănătoasă (pe etape), obiecte provizorii (pătură, jucărie de pluș etc.), pierderea unor membri ai familiei sau apariția unora noi, schimbări corporale (cum ar fi la adolescență, la vârsta mijlocie și la bătrânețe). Pierderi potențiale; separare sau divorț.

Vârsta adultă

Etape de tranziție, inclusiv vârsta mijlocie și bătrânețe.

Obiecte exterioare

Bani, proprietăți, obiecte absolut necesare (chei, portmoneu etc.), automobil, obiecte cu valoare sentimentală, colecții.

Pe scurt,
Pierderile și despărțirile din trecut
au un impact asupra
pierderilor, despărțirilor și atașamentelor
din prezent.

Iar toți acești factori
cultivă frica de pierderi viitoare
și capacitatea de a ne forma noi atașamente.
(Simos, 1979)

Identificarea unei pierderi
după care nu am ținut doliu este începutul
eliberării
de suferința în care ne ține captivi.

Întrucât pierderea poate fi un eveniment copleșitor în cursul procesului de vindecare de dependența de alcool și alte droguri, coalcoolism, codependență și alte efecte ale traumelor, în continuare vă prezint zece exemple de pierderi care-i pot ajuta pe cei afectați să identifice unele dintre traumele lor nerezolvate (tabelul 11).

Tabelul 11. Câteva pierderi survenite în caz de alcoolism, dependența de o altă substanță, codependență, copii adulți de alcoolici sau din alte tipuri de familii cu probleme sau disfuncționale

1) Așteptări, speranțe, convingeri
2) Stimă de sine
3) Părți ale sinelui (altele decât stima de sine)
4) Stil de viață
5) Stare de conștiință modificată instantaneu și/sau alinare instantanee a durerii (indusă de alcool, drog sau adrenalină)
6) Relații netrăite din trecut
7) Etape de dezvoltare nefinalizate
8) Pierderi și traume nerezolvate din trecut
9) Schimbări ale relațiilor actuale
10) Amenințări ale unor noi pierderi

Etapele procesului de doliu

Suferința acută cauzată de o pierdere urmează un curs aproximativ, începând cu o stare de șoc, frică, anxietate și furie, cu perioade de durere și disperare mai adâncă. Apoi ia sfârșit într-o notă pozitivă sau negativă, în funcție de condițiile în care a avut loc pierderea și dacă persoana a avut ocazia să parcurgă procesul de doliu (Bowlby, 1980).

Aceste etape sau faze pot fi împărțite în componente mai detaliate.

Etapa 1. **Șoc, alarmare** și **negare.**

Etapa 2. **Suferință acută**, constând din:

Negare la început constantă, apoi intermitentă și din ce în ce mai puțin frecventă.

Suferință fizică și psihică.

Emoții și impulsuri contradictorii.

Un comportament constând din:

focalizare asupra gândurilor legate de pierdere, impulsul de a vorbi despre pierderea suferită și de a regăsi ce am pierdut, senzația că așteptăm să se întâmple ceva, agitație și rătăcire fără rost, sentimentul că suntem pierduți și nu știm ce să facem, incapacitatea de a iniția orice activitate, impresia că timpul este suspendat, dezorganizare și sentimentul că viața nu va mai fi niciodată demnă de a fi trăită, confuzie, impresia că nu e real ceea ce se întâmplă, teama că toate cele de mai sus indică o boală mintală.

Plâns, furie, vinovăție, rușine.

Identificare cu trăsături, valori, simptome, gusturi sau caracteristici ale obiectului pierdut.

Regresie sau revenire la comportamente și emoții prezente la o vârstă mai tânără sau asociate cu o pierdere anterioară ori cu reacțiile față de aceasta.

Neajutorare și depresie, speranță sau deznădejde, ușurare.

Durerea scade și, treptat, crește capacitatea de a face față situației.

Dorința de a găsi o semnificație a pierderii suferite.
Începem să ne gândim la o viață nouă, în absența obiectului pierdut.

Etapa 3. **Integrarea** pierderii și a suferinței.

Dacă rezultatul este *favorabil*:

Acceptarea realității pierderii și revenirea la o stare de bine fizică și psihică, diminuarea frecvenței și intensității crizelor de plâns, refacerea stimei de sine, focalizate pe prezent și viitor, capacitatea de a ne bucura din nou de viață, plăcerea de a constata că am învățat ceva din experiența trăită, reorganizarea unei noi identități, în care pierderea a fost compensată și ne amintim de ea cu tristețe și afecțiune în loc de durere.

Dacă rezultatul este *nefavorabil*:

Acceptarea realității pierderii însoțită de sentimente trenante de depresie și dureri fizice, scăderea stimei de sine, reorganizarea unei noi identități însoțită de limitarea personalității și a implicării, vulnerabilitate față de noi pierderi și despărțiri (Simos, 1979).

Împărțirea acestor etape în mai multe componente ne ajută să conceptualizăm și să înțelegem procesul de doliu. Însă aceste componente nu sunt discrete și secvențiale – nu au tendința de a urma una după alta într-o ordine prestabilită. Mai degrabă tind să se suprapună și să îmbrace diversele manifestări menționate mai sus.

Dana era o femeie de 28 de ani care crescuse într-o familie abuzivă de alcoolici. La sfârșitul adolescenței, devenise ea însăși alcoolică, iar cu patru ani în urmă, la vârsta de 24 de ani, a renunțat la băutură și a început un tratament contra alcoolismului. Venea de doi ani la grupul nostru terapeutic pentru copiii adulți ai alcoolicilor sau proveniți din alte familii disfuncționale și făcea progrese remarcabile. Când s-a despărțit de prietenul ei, le-a spus membrilor grupului: „Mă doare atât de tare. Sunt la capătul puterilor, am o senzație cumplită de gol interior. M-am despărțit de iubitul meu acum două săptămâni. Săptămâna asta am început să plâng și pur și simplu nu mă mai puteam opri. Îmi dau seama că nu mă simt atât de rău doar din cauza acestei despărțiri. Simt că am pierdut-o pe fetița din interiorul meu. În fiecare seară, după ce ajung acasă, adorm plângând". În acest moment, Dana a început să plângă și a făcut o pauză lungă. „Pur și simplu nu-mi vine să cred că fetița aceea a fost tratată într-un asemenea hal. Însă chiar așa s-a întâmplat."

Când a început să jelească o pierdere – relația cu iubitul ei – Dana a activat procesul de doliu neterminat pentru o altă pierdere: molestarea și abuzarea copilului ei interior. Acest exemplu ne arată că procesul de doliu nu e întotdeauna atât de simplu precum pare. Desigur, Dana jelea de multă vreme pierderea copilului ei interior, dar într-un mod incomplet: ceda în mod repetat impulsului de a ieși cu bărbați care o abuzau, nu avea încredere în sponsorul ei din programul Alcoolicilor Anonimi și, în primul an, nici în terapia de grup. Dar, treptat, și-a făcut curaj și a început să-și dezvăluie adevărata poveste. A început să se elibereze din frâiele sinelui ei fals și ale compulsiei la repetiție, să-și vindece copilul interior.

Pentru a parcurge suferința cauzată de o pierdere, e necesar *să ne trăim emoțiile așa cum sunt*, fără a încerca să le schimbăm. Prin urmare, procesul de doliu înseamnă eforturi active. Este un travaliu mental și emoțional complex și istovitor (Simos, 1979). E atât de dureros, încât deseori căutam să ne ferim de această durere. Iată câteva moduri în care încercăm să evităm doliul:

- Continuăm să negăm pierderea.
- Facem reflecții intelectuale în legătură cu pierderea.
- Ne înăbușim emoțiile.
- Adoptăm o atitudine „macho" (susținem că suntem puternici și ne putem descurca singuri).
- Consum de alcool sau alte droguri; alte adicții/atașamente.
- Încercări prelungite de a recupera obiectul pierdut.

Chiar dacă asemenea metode ne oferă o alinare de moment, faptul că nu ne trăim durerea nu face decât s-o prelungească. În ansamblu, consumăm tot atâta energie evitând suferința cât am fi consumat dacă am fi mers înainte și ne-am fi jelit pierderea sau trauma. Când *simțim* o emoție în cursul procesului de doliu, puterea ei asupra noastră scade.

În procesul de vindecare a copilului interior s-ar putea să descoperim că am evitat să jelim pierderi sau traume petrecute cu mult timp în urmă. Dar incapacitatea noastră de a parcurge doliul ne-a adus multă suferință. În unele cazuri, s-ar putea ca acum să fie momentul potrivit pentru a face acest lucru până la capăt.

❖❖❖

Există multe metode de a facilita trăirea emoțiilor care ies la suprafață. Am menționat mai sus câteva tehnici experimentale, în secțiunea „Identificarea pierderilor și a traumelor". Primele două dintre acestea ne sunt cel mai la îndemână: să riscăm, să ne împărtășim experiențele și să ne spunem povestea unor persoane de încredere și care ne susțin, conform celor descrise în capitolul următor.

Capitolul 12

Mai multe despre procesul de doliu: să riscăm, să împărtășim, să ne spunem povestea

Să riscăm

Când ne facem curaj, ne dezvăluim *pe noi înșine*; ne expunem copilul interior, sinele adevărat. Riscăm și devenim vulnerabili. Acest lucru poate avea două rezultate extreme: acceptare sau respingere. Persoanele din jur pot accepta sau respinge ceea ce alegem să dezvăluim despre noi; însă pot să aibă și o reacție între cele două extreme.

Mulți dintre noi au suferit foarte tare din cauza faptului că și-au asumat riscul de a se expune – în copilărie, în adolescență, la vârsta adultă sau în toate cele trei perioade –, astfel că de obicei ezită sau sunt incapabili să riște și să-și dezvăluie celorlalți sinele adevărat. Suntem blocați într-o dilemă: când ne reprimăm trăirile, gândurile, preocupările și creativitatea, copilul nostru interior este sufocat și ne simțim rău, ne doare. Uneori acumulăm atâta energie reprimată, încât singurul mod de a-i face față este s-o lăsăm să iasă la lumină în prezența altcuiva. Aceasta este povara pe care o poartă mulți dintre cei ce au crescut în familii disfuncționale. Și având în vedere o serie de factori, precum faptul că ne dorim aprobare, validare, entuziasm și intimitate, e posibil să ne dezvăluim unei persoane care nu e de încredere. Aceasta poate să ne respingă sau să ne trădeze într-un fel, ceea ce nu face decât să confirme ezitarea noastră de a ne expune. Prin urmare, ne reprimăm din nou sentimentele, iar ciclul se repetă. Dar ca să ne vindecăm copilul interior, trebuie să-l dezvăluim celorlalți. Ce e de făcut?

În loc să ne reprimăm emoțiile, după care să le descărcăm într-un mod impulsiv sau la întâmplare, e preferabil s-o luăm pas cu pas. Mai întâi găsiți o persoană despre care știți că e de încredere și vă susține, cum ar fi un prieten apropiat, un consilier sau un terapeut, un grup terapeutic sau un sponsor. Începeți prin a dezvălui un lucru mărunt. Urmați indicațiile metodei „împărtășește–observă–împărtășește" (Gravitz și Bowden, 1985). Dacă funcționează, continuați.

A risca și a ne împărtăși experiența implică alte câteva probleme fundamentale, precum încrederea, controlul, emoțiile, frica de abandon, gândirea și comportamentul de tip „totul sau nimic", toleranța ridicată pentru comportamentele nepotrivite. Când vreuna dintre aceste probleme iese la lumină, poate fi util să ne gândim (și chiar să începem) să vorbim despre ea cu persoane de încredere. Când riscăm, putem, în cele din urmă, să începem să ne spunem povestea.

Să ne spunem povestea

A ne spune povestea este un act important în procesul de descoperire și vindecare a copilului interior. Acest lucru reprezintă un aspect fundamental al recuperării în grupurile de sprijin, terapia de grup și psihoterapia sau consilierea individuală.

Fiecare dintre poveștile noastre cuprinde, în mod integral, trei părți esențiale: separare, inițiere și întoarcere (Campbell, 1949). În grupurile de sprijin în 12 pași, poveștile sunt intitulate „Cum eram înainte", „Ce s-a întâmplat" și „Cum suntem acum". În cazul terapiei de grup, se folosesc termeni precum „a risca", „a împărtăși", „a participa" și „a lucra în grup". În consilierea individuală sau psihoterapie putem folosi denumiri similare, iar psihanaliștii vorbesc despre „asociere liberă, lucrul cu transferul și cu conflictele interioare nerezolvate". Dacă vorbim cu prieteni apropiați, spunem că „ne deschidem sufletul" sau „avem o discuție de la suflet la suflet".

Când ne spunem povestea, trebuie să fim conștienți că e contraproductiv să bârfim și să ne plângem de milă. Unul dintre motive este că bârfa înseamnă mai degrabă a-i ataca pe alții în loc să ne dezvăluim pe noi înșine și, în general, nu are o finalitate, fiindcă adoptăm poziția victimei și ne învârtim în cerc. Când ne plângem de milă, depășim limitele unui proces de doliu sănătos. Aici există o capcană pe care o putem observa la unele întruniri ale grupurilor de sprijin: când cineva încearcă să relateze o poveste dureroasă care nu are o soluție evidentă sau imediată, ceilalți membri ai grupului pot avea impresia că persoana vrea să-și plângă de milă. În acest caz, deși asemenea grupuri oferă în general încredere și siguranță, e preferabil ca suferindul să caute un alt mediu în care să-și exprime durerea.

Simos (1979) a spus: „Suferința trebuie împărtășită. Dar în acest proces nu au ce căuta nerăbdarea, cenzura sau o atitudine plictisită față de lucrurile care se repetă, întrucât repetiția e necesară pentru catharsis, internalizare și, în cele din urmă, pentru acceptarea la nivel inconștient a realității pierderii. Persoana îndoliată e sensibilă la emoțiile celorlalți și nu doar că se va abține de la a-și dezvălui sentimentele celor pe care-i consideră incapabili să-i împărtășească povara suferinței, ci ar putea chiar încerca să-i consoleze pe ascultători".

Nu e necesar să spunem o poveste lungă sau să relatăm pe larg toate problemele din trecut. Vorbim despre ceea ce este important, semnificativ, derutant, problematic sau dureros în viața noastră. Riscăm, împărtășim, interacționăm, descoperim și așa mai departe. Iar în felul acesta ne vindecăm. Deși noi ascultăm poveștile celorlalți și ei ascultă poveștile noastre, lucrul care ne ajută cel mai mult în vindecare este că noi, povestitorii, *avem ocazia să ne auzim propria poveste.* Chiar dacă avem o idee despre povestea noastră, ori de câte ori o relatăm rezultatul e diferit de ceea ce credeam inițial.

În figura 2 am ilustrat povestea noastră. Începând de la punctul de pe cerc numit „mulțumire", e posibil să uităm că noi facem parte din povestea noastră. Fiecare dintre noi ajunge la un moment dat să se confrunte cu o pierdere reală sau doar cu posibilitatea unei pierderi. În acest moment, putem deopotrivă să suferim și să evoluăm. În figura 2, suferința pe care o simțim inițial în procesul de doliu am numit-o durere. Iar când ne doare, avem tendința să ne înfuriem.

În acest moment crucial, avem *posibilitatea* de a deveni *conștienți* că am suferit o pierdere sau că suntem supărați. Și atunci *ne putem angaja să înfruntăm durerea și să parcurgem procesul de doliu.* Despre acest ciclu al poveștii noastre se poate spune că este „finalizat"; altfel spus, el reprezintă „călătoria eroului/eroinei". Sau putem *să nu conștientizăm* posibilitatea de a lucra cu suferința pe care ne-au cauzat-o pierderea sau supărarea noastră. În acest caz vom începe să acumulăm resentimente și/sau să ne autoînvinuim, ceea ce conduce la boli legate de stres și la mai multă suferință decât dacă ne-am fi ocupat de la început de supărarea și suferința noastră. Acesta este „ciclul victimei" sau „poziția martirului/a victimei".

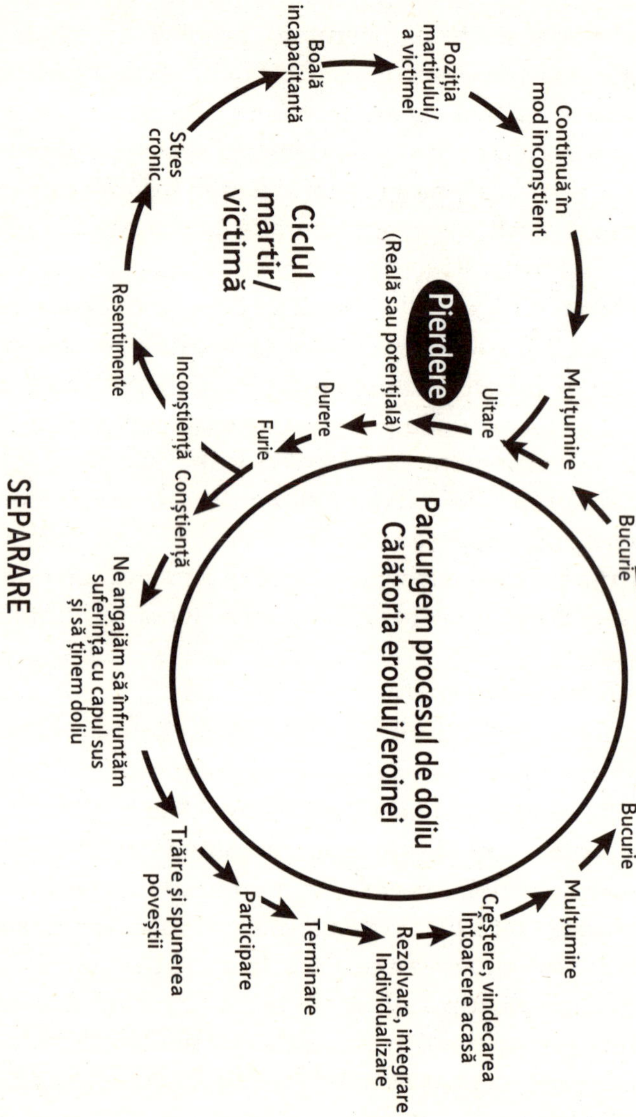

Figura 2. Povestea noastră

Dacă ne angajăm să lucrăm cu suferința noastră și să parcurgem procesul de doliu, putem începe să ne împărtășim, să ne exprimăm și să ne trăim tristețea. Pentru a finaliza povestea, poate fi nevoie să o spunem de mai multe ori, periodic, pe parcursul mai multor ore, zile, săptămâni sau luni. De asemenea, poate fi necesar s-o privim din alte perspective, să reflectăm asupra ei, să visăm la ea și chiar s-o mai spunem o dată.

Deși a fost dureros, ne-am rezolvat supărarea sau conflictul. Ne-am eliberat de suferința pe care ne-o cauzau acestea. Conflictul nostru a fost soluționat și integrat. Am învățat ceva din el. Ne-am vindecat copilul interior și am evoluat. Putem reveni la starea naturală a copilului nostru interior, care înseamnă mulțumire, bucurie și creativitate.

Dar ne poate fi greu să începem să ne spunem povestea. Iar când o spunem, poate fi dificil să ne exprimăm sentimentele legate de ea. Una dintre emoțiile cel mai greu de recunoscut și de exprimat este furia.

Furia este o componentă majoră a doliului și a procesului de vindecare a copilului interior.

Când ne înfuriem

Furia este una dintre cele mai comune și mai importante emoții. La fel ca alte trăiri, ne oferă un indiciu cu privire la ce ar trebui să facem.

Deseori, persoanele care au crescut într-o familie disfuncțională nu-și dau seama cât sunt de furioase și nici cât de mult le-ar ajuta să-și recunoască și să-și exprime furia, chiar dacă traumele sau abuzurile pe care le-au suferit au avut loc cu mulți ani în urmă. Se prea poate ca, în copilărie sau adolescență, să fi fost abuzate în mod repetat. Uneori, aceste abuzuri sunt subtile. Conform celor discutate în capitolul 9, în secțiunea „Tolerarea comportamentelor nepotrivite“, de multe ori copiii și adulții *nu-și dau seama că au fost abuzați.* Neavând alte repere, ei cred că modul în care au fost tratați – și, deseori, modul în care sunt tratați în continuare – a fost în regulă. Or, dacă nu li se pare în regulă, au impresia că merită să fie tratați în acest fel.

Auzind poveștile altor persoane aflate în curs de recuperare, înțelegem treptat ce înseamnă abuzul, molestarea sau neglijarea. La terapia de grup sau individuală, faptul de a deveni și a fi conștienți de trăirile noastre și de a le exprima este prezentat ca un *avantaj distinct care ne va permite în cele din urmă să avem o viață împlinită și liniștită.* Când descoperim că am fost abuzați, putem începe procesul de doliu necesar și eliberator. A deveni conștienți de furia noastră și a o exprima constituie un aspect major al acestui proces.

Una dintre puținele deficiențe ale unor grupuri de sprijin în 12 pași este frica ascunsă de emoții și sentimente, în special de cele dureroase. În cadrul acestor grupuri se folosește chiar acronimul H.A.L.T., care presupune să ne oprim dacă riscăm să devenim prea flămânzi, furioși, singuratici sau obosiți (în original: *hungry, angry, lonely, tired*). Persoana în curs de vindecare poate interpreta acest lucru drept „reprimă-ți emoțiile“ în loc de „ai mai multă grijă de tine ca să nu fii copleșit de aceste emoții“.

Multe persoane în curs de recuperare se tem să-și exprime furia. Deseori au impresia că dacă se înfurie pot să-și piardă controlul, după care e posibil să rănească pe cineva sau pe ele însele ori să se întâmple altceva rău. Dacă și-ar permite să-și trăiască furia, ar descoperi adesea că aceasta nu e o supărare superficială, ci mânie în toată puterea cuvântului. Iar să fii mânios e înfricoșător. E normal să te temi să devii conștient de furia ta și s-o exprimi pe deplin.

Furia este însoțită adesea de simptome somatice sau nervoase precum tremurături, frisoane, panică, pierderea apetitului și chiar excitație. A intra în contact cu furia noastră și a o exprima poate fi un proces eliberator. Dar într-o familie sau într-un mediu disfuncțional, conștientizarea și exprimarea sănătoasă a emoțiilor sunt descurajate și, uneori, chiar interzise.

În copilărie, adolescență sau la vârsta adultă, ne confruntăm cu o pierdere sau o traumă, reală sau potențială, iar această experiență ne trezește o reacție bazată pe frică și suferință. Dar *într-un mediu în care nu ne putem exprima emoțiile*, avem impresia că *noi am cauzat* pierderea sau trauma respectivă. Ne e rușine și ne simțim vinovați. Însă nu ne putem exprima deschis nici aceste trăiri. Prin urmare, ajungem să resimțim și mai multă furie, iar încercarea noastră de a o exprima este din nou înăbușită. În urma reprimării repetate a unor trăiri de acest gen, copilul nostru interior ajunge într-o stare de confuzie, tristețe, rușine și gol interior. Emoțiile dureroase se tot acumulează, iar la un moment dat devin insuportabile. Neavând cum să ne eliberăm de ele, singura soluție posibilă este să le blocăm cât mai mult cu putință – să ne anesteziem emoțional.

În realitate, există alte patru posibilități despre care putem afla mai târziu: (1) să ne suprimăm emoțiile până când devin insuportabile; (2) fiind incapabili să le exprimăm, să ne îmbolnăvim pe plan fizic sau emoțional și/sau să „explodăm"; (3) să ne înecăm durerea în alcool, alte droguri sau în alte dependențe; (4) să ne exprimăm durerea și să lucrăm cu ea în compania unor persoane de încredere și care ne susțin.

Anestezierea durerii prin consumul de alcool, alte droguri sau medicamente, indiferent dacă sunt prescrise de un medic sau autoadministrate, în general nu funcționează pe termen lung și poate fi periculoasă, inclusiv pentru copilul unui părinte sau bunic alcoolic, întrucât alcoolismul și dependențele de alte substanțe tind să afecteze mai mulți membri ai aceleiași familii. De asemenea, ea împiedică sau întârzie rezolvarea sănătoasă a conflictului. O problemă este că mulți dintre noi au cerut ajutor și au primit medicamente pentru alinarea durerii în loc să li se spună că se află într-un proces de doliu și să fie încurajați să-l parcurgă.

Reprimarea durerii până când devine insuportabilă și explodează este un fenomen frecvent în familiile disfuncționale. Deși probabil că e mai utilă decât consumul de alcool sau de droguri ori decât anestezierea emoțională, nu e nici pe departe atât de eficientă precum exprimarea suferinței *atunci când ea apare sau când „iese la suprafață"* în compania unei persoane de încredere și care ne susține.

Protejarea părinților: un obstacol în calea procesului de doliu

În capitolul anterior am menționat șase metode pe care le putem folosi pentru a evita suferința doliului: negarea pierderii, filozofarea pe marginea ei, reprimarea emoțiilor, atitudinea macho, consumul de alcool sau droguri și încercările prelungite de a recupera obiectul pierdut.

În ceea ce privește furia, acum putem vorbi despre un alt aspect care ne împiedică să ținem doliu: tendința de a-i proteja de furia noastră pe părinți și alte persoane cu autoritate. Înaintea și în timpul procesului de doliu și de descoperire a copilului interior, s-ar putea să simțim, să credem sau să ne temem că nu e bine să ne supărăm pe părinții noștri sau că acest lucru ar putea avea consecințe nefericite. Această convingere și această frică sunt asociate, printre altele, cu regula „nu vorbi, nu avea încredere, nu simți“ expusă în cartea de față și în altele (Black, 1981). În tabelul 12 de mai jos, menționez nouă moduri în care tindem să-i protejăm pe părinți de furia noastră, în copilărie și la vârsta adultă.

Primul mod este negarea. De exemplu, spunem ceva de genul: „Am avut o copilărie normală“ sau „N-am avut probleme în copilărie“. Mulți copii adulți din familii de alcoolici, cu probleme sau disfuncționale au fost atât de traumatizați, încât nu-și pot aminti cel puțin 75% dintre experiențele din copilărie. Dar în experiența mea clinică am constatat că în procesul de recuperare majoritatea copiilor deveniți adulți *sunt* capabili să treacă peste negare și, treptat, să scoată la lumină pierderile sau traumele pentru care nu au ținut doliu și să le rezolve. A asculta poveștile altora într-un grup terapeutic, la întrunirile ACoA și în alte asemenea împrejurări ne ajută să identificăm și să recunoaștem ce ni s-a întâmplat. Apoi putem începe procesul de doliu, care presupune, printre altele, să ne exprimăm furia.

Tabelul 12. Răspunsuri, abordări și strategii folosite adesea pentru a-i proteja pe părinți (împiedicând astfel vindecarea)

Categorie	Frecvent întâlnită
1) **Negare directă**	„Am avut o copilărie normală.“
2) **Atitudine împăciuitoare: „Da, dar...“**, detașare de emoții	„S-a întâmplat, dar... ei (părinții mei) au făcut așa cum au știut mai bine.“
3) **Percepem suferința** cauzată de traumă **ca pe o fantezie**	„N-a fost chiar așa.“

4) **A patra poruncă** (la catolici) sau a cincea poruncă (la protestanți și evrei)	„Dumnezeu se va supăra pe mine dacă mă supăr pe părinții mei."
5) **Frică inconștientă de respingere**	„Dacă îmi exprim supărarea sau furia, n-o să mă iubească."
6) **Frică de necunoscut**	„Se va întâmpla ceva îngrozitor. E posibil să rănesc pe cineva sau altcineva să mă rănească pe mine."
7) **Acceptarea vinei**	„Eu sunt ăla rău."
8) **Iertarea** părinților	„O să-i iert și gata." sau „I-am iertat deja."
9) **Atacarea persoanei care ne sugerează să facem ceva ca să ne vindecăm**	„E urât din partea ta că-mi sugerezi să-mi exprim furia sau că s-ar putea ca părinții mei să fi fost răi."

A doua reacție, abordare sau strategie de a ne proteja părinții este să adoptăm o atitudine împăciuitoare, precum: „Da, poate ca n-am avut o copilărie tocmai fericită, dar părinții mei au făcut tot ce le-a stat în putință". Acest lucru reprezintă adesea un mod de a ne detașa de trăirile noastre. Adoptarea unei poziții indiferente ne împiedică să începem procesul de doliu necesar pentru a ne elibera de suferință.

A doua metodă presupune să privim durerea cauzată de pierderea sau trauma noastră ca pe o fantezie. Deseori, aceasta este proiectată asupra noastră când căutăm să ne rezolvăm problemele cu ajutorul psihanalizei sau al psihoterapiei de orientare psihanalitică. Psihanalistul sau terapeutul poate insinua că, dacă am suferit o traumă, nu ne-o putem aminti exact așa cum s-a întâmplat, implicația fiind că este o fantezie. Acest lucru adâncește rana și neagă din nou suferința copilului nostru interior (Miller, 1983). În cele din urmă, ajungem la concluzia că „n-a fost chiar așa".

Indiferent de metoda terapeutică sau de consilierea folosită, e posibil să fim încurajați să recunoaștem că temerile noastre sunt neîntemeiate, că nu mai e necesar să ne apărăm, iar nevoia noastră de acceptare a fost satisfăcută de mult de terapeut, consilier sau de grupul terapeutic. De asemenea, e posibil să ni se spună că, deși poate că ne urâm părinții, îi și iubim în același timp, iar tot ce au făcut greșit a fost tot rezultatul iubirii. Miller (1984) spune: „Pacientul adult știe toate acestea, dar îi pare bine să le audă din nou, deoarece îl ajută să renege, să împace și să controleze copilul interior din el care tocmai a început să plângă. În acest fel terapeutul, grupul ori pacientul însuși îl va convinge pe copil că sentimentele sale sunt «stupide», întrucât (deși n-au scăzut în intensitate) nu se mai potrivesc situației actuale; un proces care ar fi putut avea rezultate pozitive – mai exact, trezirea și maturizarea sinelui adevărat al copilului – va fi subminat de o metodă de tratament ce refuză să ofere sprijin copilului furios". Pentru a ne vindeca de abuz, de obicei e necesar să ne exprimăm furia.

Următoarea metodă de blocare a furiei este a patra (sau a cincea) poruncă din Biblie: „Cinstește pe tatăl tău și pe mama ta, ca să-ți fie bine și să trăiești ani mulți pe pământul pe care Domnul Dumnezeul tău ți-l va da ție" (Ieșirea 20, 12*). E greu de descifrat sau interpretat exact ce înseamnă „a cinsti" în acest context. De-a lungul secolelor, majoritatea părinților

* Biblia sau Sfânta Scriptură, Editura Institutului Biblic și de Misiune al Bisericii Ortodoxe Române, București, 1997. (n.trad.)

au fost de părere că înseamnă „a nu riposta" sau alte asemenea lucruri de natură să înăbușe sentimentele copilului. A patra poruncă ne poate conduce la concluzia că „Dumnezeu se va supăra pe mine dacă mă supăr pe părinții mei. Nu se cade" sau „Dacă mă supăr pe ei, o să devin o persoană rea". Majoritatea religiilor organizate de pe glob cuprind îndemnuri similare, care tind să ne înăbușe copilul interior și capacitatea de a fi noi înșine și de a soluționa pierderile suferite într-un fel sănătos.

Un al cincilea mod de a evita furia și doliul prin protejarea părinților noștri este să ne fie teamă că ne vor respinge. E posibil să gândim sau să spunem ceva de genul: „Dacă îmi exprim furia, ei n-o să mă iubească" sau „Iar o să se poarte cu mine ca și cum aș fi un băiețel rău sau o fetiță rea". Aceasta este o frică reală, care trebuie exprimată atunci când devenim conștienți de ea.

Al șaselea mod este frica de necunoscut sau de a ne exprima sentimentele. Putem spune sau gândi: „Se va întâmpla ceva îngrozitor. S-ar putea să rănesc pe cineva sau cineva ar putea să mă rănească pe mine". Este o altă frică reală pe care poate fi nevoie s-o exprimăm în cursul procesului de vindecare. O altă posibilitate este să dăm vina pe noi înșine, spunând: „Eu sunt ăla rău".

Multe persoane evită furia și doliul pur și simplu „iertându-și" părinții. Presupunând că a ierta este ușor, își spun: „O să-i iert și gata". Sau: „I-am iertat deja", ceea ce le înăbușă și mai mult sinele adevărat. Însă majoritatea celor care spun asta n-au iertat complet, întrucât iertarea este un proces similar sau chiar *identic*, în mare măsură, cu doliul.

O ultimă metodă de a ne proteja părinții este să atacăm persoana care ne sugerează că ar putea fi nevoie să parcurgem un proces terapeutic, mai ales dacă acesta presupune să ne exprimăm furia față de părinții noștri sau să-i învinovățim. E posibil să gândim sau să spunem ceva de genul: „E urât din partea ta să-mi propui așa ceva!" sau „Cum îndrăznești să insinuezi că părinții mei au fost răi?"

Folosind una dintre aceste metode sau o combinație a lor, ne protejăm părinții de supărarea și furia noastră. Iar astfel ne înăbușim sinele adevărat și ne blocăm capacitatea de a ne vindeca de o suferință fără rost. Însă *acum suntem conștienți de existența acestor posibile blocaje.* Când începem să le folosim într-un fel sau altul – poate fără voie, pentru a evita doliul –, putem *să ne desprindem* de ele atunci când suntem pregătiți.

Exprimarea furiei

Am aflat că în procesul de vindecare a copilului interior este *bine* și *sănătos* să devenim conștienți de furia noastră și să o exprimăm. Dar cum o putem exprima? Și față de cine?

Începe să devină mai clar că există oameni capabili să ne asculte furia și să ne ajute s-o procesăm. Este vorba despre persoanele de încredere pe care le-am menționat – terapeuți, consilieri, sponsori, membri ai grupurilor de terapie sau de sprijin și prieteni apropiați. Pe de altă parte, există și persoane care, dintr-un motiv sau altul, nu pot suporta sau auzi furia noastră. Dintre acestea pot face parte părinții noștri și oameni care, într-un fel sau altul, ne amintesc de ei. Dacă ne exprimăm în modul potrivit față de părintele sau persoana în chestiune, *e puțin probabil* ca acest lucru să fie suficient pentru a desăvârși procesul de vindecare. Se prea poate ca persoana respectivă să nu înțeleagă ce vrem să spunem sau să facem. Ori poate să respingă modul nostru de exprimare, propunerea noastră de a ne expune, iar ca urmare ne vom simți din nou derutați, răniți și neputincioși. Deși a ne exprima furia față de aceste persoane ar avea un efect eliberator, probabil că n-ar fi în interesul nostru. În ultimă instanță, ar putea avea un efect autodistructiv. Din moment ce persoanele respective nu și-au vindecat *propriul* copil interior, în general vor fi incapabile să participe în modul adecvat la procesul de vindecare al altcuiva. Însă *putem învăța să stabilim anumite limite* în interacțiunea cu ele, pentru a pune capăt acțiunilor lor abuzive. Vom face asta *cu fermitate și cu iubire*. Fără să fim agresivi, ci *asertivi*.

Deși în general e util să ne împăcăm cu părinții noștri și alte persoane care s-au purtat urât cu noi – și să le iertăm, prin intermediul procesului de doliu și de iertare –, este important să nu grăbim acest proces. Unii terapeuți și consilieri pot insista asupra reconcilierii cu părinții, considerând-o un scop imediat sau suprem al terapiei. Dar eforturile premature în această direcție ne pot împiedica să ne descoperim și vindecăm copilul interior. Cel mai bine este s-o luăm ușor.

Și chiar dacă ne străduim un timp îndelungat să ne descoperim și vindecăm copilul interior, s-ar putea să nu reușim să vindecăm conflictele cu părinții noștri. Ajungem la concluzia că nu-i putem schimba. Sunt așa cum sunt și, orice am face, așa vor rămâne. Atunci renunțăm la această idee.

Dacă îi considerăm „toxici" pe părinți sau pe alți oameni – alcoolici, persoane violente sau abuzive în alte feluri –, poate fi util să stăm la distanță de ei câteva luni, un an sau chiar mai mult. Această perioadă de separare sau „detoxificare" ne oferă spațiul și pacea de care avem nevoie pentru a începe să ne descoperim și vindecăm copilul interior.

Alte principii

În general, cu cât am fost răniți mai profund de pierderea unui obiect sau de un eveniment traumatizant, cu atât vom simți mai multă furie. Și chiar dacă am avut o relație relativ sănătoasă cu ceea ce am pierdut, tot e posibil să ne înfuriem, fiindcă ne simțim neputincioși și avem o senzație de lipsă. E posibil și să ne înfuriem pe alții, inclusiv pe cei pe care-i considerăm într-un fel responsabili pentru pierderea noastră, precum și pe cei care nu suferă ca noi. În fine, s-ar putea să ne supărăm fiindcă trebuie să dăm bani pe ședințe de consiliere și chiar pe consilierii sau terapeuții noștri, întrucât ne presează să parcurgem procesul de doliu.

❖❖❖

În cele din urmă, după ce lucrăm cu furia noastră și parcurgem restul procesului de doliu, ne eliberăm de furie și suferință. Ajungem într-un punct în care simțim că ne-am săturat. În capitolul următor voi vorbi despre diversele aspecte ale transformării prin care trecem când ne vindecăm.

Capitolul 13

Transformarea

Prin diverse metode precum sinceritate, autoreflecție, participarea la grupuri terapeutice, grupuri de sprijin și consiliere, multe persoane își transformă viața, devenind mai libere, complete și împlinite.

Transformarea este o schimbare a formei, o restructurare. În esență, a ne transforma înseamnă ca, în loc să trăim pentru a atinge un scop final, să ne ducem viața ca pe o expresie a ființei noastre. Acest lucru implică o transformare a conștiinței noastre. Trecem dintr-un domeniu al realității și al existenței noastre în altul. O asemenea schimbare ne permite să evoluăm și să ne ridicăm la niveluri de existență superioare, unde avem mai multă putere, pace interioară și creativitate. Iar pe măsură ce dobândim mai multă putere personală, pe măsură ce avem mai multe posibilități și alegeri, începem să ne asumăm mai multă responsabilitate pentru viața noastră (Whitfield, 1985).

În etapa de transformare a procesului terapeutic, ne străduim să *expunem* părțile vulnerabile ale copilului nostru interior și, în același timp, într-un mod aproape paradoxal, ne asumăm puterea aflată în mod inerent *în interiorul* copilului nostru (George și Richo, 1986). Transformăm aspectele împovărătoare și adesea disfuncționale ale vieții noastre în aspecte pozitive și funcționale. De pildă, atunci când ne identificăm, procesăm și rezolvăm problemele fundamentale, pot avea loc unele dintre transformările de mai jos.

Nu e ușor să facem asemenea schimbări în viața noastră. Trebuie să ne asumăm riscuri și să ne spunem povestea unor persoane de încredere și care ne susțin. Dar de obicei transformarea nu înseamnă că într-o zi avem o părere proastă despre noi înșine, ne-am dori să ne simțim mai bine, iar în dimineața următoare ne trezim cu o stimă de sine sănătoasă. Această muncă de transformare cuprinde anumite etape.

În general, modul cel mai eficient de a parcurge procesul de transformare este să ne ocupăm de câte o problemă sau temă care ne preocupă sau de care devenim conștienți la un moment dat. Gravitz și Bowden au numit-o „fracționare" sau împărțirea unui plan sau a unei posibile soluții a unei probleme în mai mulți pași sau mai multe componente. În tabelul 13 de la pagina 167 vă ofer o schiță a unora dintre acești pași.

Probleme întâmpinate în procesul de recuperare	**După transformare**
Ținem doliu după probleme din trecut și din prezent	Ținem doliu după pierderi din prezent
Ne este greu să fim noi înșine	Suntem noi înșine
Ne neglijăm propriile nevoi	Ne satisfacem nevoile
Suntem prea responsabili pentru alții	Suntem responsabili pentru noi înșine și impunem limite clare
Stimă de sine scăzută	Mai multă stimă de sine
Vrem să deținem controlul	Ne asumăm responsabilitatea și renunțăm la control
Funcționăm după tiparul „totul sau nimic"	Ne detașăm de tiparul „totul sau nimic"

Ne e greu să avem încredere în alții	Avem încredere în persoanele potrivite
Ne e greu să simțim	Ne observăm și ne folosim emoțiile
Toleranță ridicată pentru comportament inadecvat	Știm ce este adecvat, iar dacă nu, întrebăm o persoană de încredere
Frică de abandon	Ne eliberăm de frica de abandon
Ne e greu să rezolvăm conflicte	Rezolvăm conflicte
Ne e greu să oferim și să primim iubire	Ne iubim pe noi înșine, pe ceilalți și Forța Superioară

Joan era o femeie de 33 de ani care încerca să rezolve problema fundamentală a neglijării propriilor nevoi. De când se știa, se concentra aproape întotdeauna asupra nevoilor altora, ajungând să-și neglijeze nevoile proprii. Își formase obiceiul de a se asocia cu oameni extrem de neajutorați, ceea ce-i permitea să-și focalizeze atenția asupra altora. În cadrul terapiei de grup, a spus: „Până acum n-am știut niciodată că *aveam* anumite nevoi. Această idee în sine mi-era total străină. Dar acum încep să-mi dau seama că am nevoi. Nevoia la care lucrez acum este să fiu în stare să mă relaxez și să mă distrez. În acest context, termenul «lucrez» sună neobișnuit, însă chiar asta fac. Sunt întotdeauna atât de serioasă, încât nici măcar nu știu cum e să-mi las părul desfăcut și să mă simt bine. Cred că n-am învățat niciodată să fiu copil și să mă joc ca un copil. Mereu am fost superresponsabilă. Consiliera mea mi-a dat ca sarcină să mă joc, să mă relaxez sau să mă distrez 30 de minute în fiecare zi. Iar sâmbăta și

Tabelul 13. Câteva etape ale transformării problemelor fundamentale în procesul de vindecare a copilului interior

Problemă	La început	La mijlocul procesului	Într-un stadiu avansat	Când suntem vindecați
1) Doliu	Identificarea pierderilor	Învățăm să ținem doliu	Ținem doliu	Ținem doliu pentru pierderile actuale
2) A fi noi înșine	Identificarea sinelui nostru real	Practicăm autenticitatea		Suntem noi înșine
3) Neglijarea propriilor nevoi	Înțelegem că avem nevoi	Ne identificăm nevoile	Începem să ne satisfacem nevoile	Ne satisfacem nevoile
4) Prea responsabili pentru alții	Identificarea limitelor	Clarificarea limitelor	Învățăm să stabilim limite	Suntem responsabili pentru noi înșine, cu limite clare
5) Stima de sine scăzută	Identificare	Împărtășire	Afirmare	Mai multă stimă de sine
6) Control	Identificare	Începem să ne detașăm	Ne asumăm responsabilitatea	Ne asumăm responsabilitatea și, în același timp, ne detașăm
7) Totul sau nimic	Recunoaștere și identificare	Învățăm să alegem alternativele	Ne eliberăm	Nu mai facem alegeri de tipul „totul sau nimic"
8) Încredere	Înțelegem că a avea încredere ne poate ajuta	Avem încredere în mod selectiv	Învățăm să avem încredere în oamenii potriviți	Avem încredere în oamenii potriviți
9) Trăirea emoțiilor	Recunoaștere și identificare	Trăire	Folosirea emoțiilor	Ne observăm și ne folosim emoțiile
10) Tolerarea comportamentelor inadecvate	Ne întrebăm ce e adecvat și ce nu	Învățăm ce e adecvat și ce nu	Învățăm să stabilim limite	Știm ceea ce este adecvat sau, dacă nu, întrebăm o persoană de încredere
11) Frica de abandon	Ne dăm seama că am fost abandonați sau neglijați	Vorbim despre asta	Ținem doliu pentru faptul că am fost abandonați	Ne eliberăm de frica de abandon
12) Probleme cu gestionarea și rezolvarea conflictelor	Conștientizarea și asumarea riscului	Exersăm exprimarea sentimentelor	Rezolvăm conflicte	Ne ocupăm de conflictele actuale
13/14) Probleme în a da și a primi iubire	Definim iubirea	Exersăm iubirea	Iertare și perfecționare	Ne iubim pe noi înșine, pe ceilalți și Forța Superioară

duminica vrea să dedic acestui lucru câte o oră. Nu știu dacă voi fi în stare. Dar încerc. După prima zi, în următoarele cinci zile am uitat de asta. Înseamnă că opun rezistență".

Dacă descompunem procesul de satisfacere a nevoilor în *conștientizarea* faptului că *avem n*evoi, urmată de *identificarea* și *denumirea* corectă a acestora, începem să lucrăm cu problema neglijării propriilor nevoi. Ne poate lua *câteva luni* să parcurgem *numai acești pași*. În cele din urmă, vom începe să ne satisfacem una sau mai multe nevoi în mod regulat. Devenind tot mai conștienți și continuând să lucrăm cu nevoile noastre și să le acordăm atenție ne vom transforma viața până când vom ajunge să ne satisfacem nevoile în majoritatea cazurilor.

După ce devenim conștienți de problemele noastre fundamentale, începem să lucrăm cu ele. Devenind mai conștienți, acționăm în funcție de experiențele noastre, privind lucrurile așa cum sunt. Învățăm să ne respectăm *sistemul de monitorizare intern – simțurile și reacțiile* noastre. Ignorarea sau neglijarea acestei părți cruciale din noi sunt deja de domeniul trecutului. Suntem deschiși față de emoțiile, senzațiile și reacțiile noastre, care constituie o parte importantă a sinelui nostru adevărat.

Când este cazul, apelăm la metoda „împărtășește–observă–împărtășește", descrisă anterior (Gravitz și Bowden, 1985). Împărtășim câte puțin și observăm cum răspunde celălalt. Dacă avem impresia că ne ascultă, că ne-a auzit, că este sincer cu noi și nu ne va respinge sau trăda, putem alege să ne dezvăluim mai mult, după care să-i observăm din nou reacția.

Renunțarea la statutul de victimă

De asemenea, începem să vedem legăturile dintre situația noastră actuală și ceea ce ni s-a întâmplat în copilărie. Când ne spunem povestea, începem să ne eliberăm de statutul de victimă sau martir și de compulsia la repetiție.

La 42 de ani, Richard era tatăl a trei copii și un om de afaceri de succes. Fusese căsătorit cu două femei despre care descoperise că erau alcoolice; actualmente era în proces de divorț cu cea de-a doua soție.

> „Până acum nu mi-am dat seama ce făceam. Cu ajutorul consilierii și al acestui grup, am descoperit un tipar care mă făcea să sufăr. Mama mea era alcoolică, deși n-am observat asta niciodată și, evident, până acum nici n-am putut să recunosc asta. Cred că n-am fost în stare s-o ajut, așa că, fără să-mi dau seama, am căutat femei pe care *le puteam* ajuta. Dar nici pe ele n-am reușit să le ajut. Al-Anon și acest grup de terapie m-au ajutat să înțeleg asta. Acum caut să evit să fac din nou aceleași greșeli. Am o părere mai bună despre mine."

Richard și-a transformat o parte din viață, modul în care își creează și își trăiește povestea. Și-a transformat conștiința, acțiunile și comportamentul. Povestea vieții sale pe care o creează și o spune acum vorbește despre transformarea unui fost martir/unei foste victime care repetă, fără voie, același tipar în mod compulsiv într-o persoană mai conștientă de sentimentele și faptele sale. Conform celor descrise în „Să ne spunem povestea", Richard a ieșit din ciclul martir/victimă și a pornit în călătoria eroului/eroinei. În continuare vă prezint alte caracteristici ale componentelor aflate la cele două capete ale spectrului transformării.

Ciclul martir/victimă	**Călătoria eroului/eroinei**
Sine fals	Sine adevărat
Autolimitare	Autoexpansiune
Acolo și atunci	Aici și acum
Probleme nerezolvate	Probleme rezolvate și în curs de rezolvare
Puține drepturi personale	Multe drepturi personale
Stagnare, regres	Creștere
Se dezvăluie doar în mică măsură	Se dezvăluie în condițiile adecvate
Aceeași poveste	Poveste în curs de transformare
Compulsia la repetiție	Își spune povestea
Impulsiv și compulsiv	Spontan, fluid
Nu e conștient de majoritatea lucrurilor	E conștient de multe lucruri
Blocaj inconștient	Devine din ce în ce mai conștient
Lipsit de concentrare	Concentrat
Nu participă la un program de recuperare	Participă la un program de recuperare
Puțin deschis față de părerile celorlalți	Deschis față de părerile persoanelor de încredere
Continuă să se comporte la fel ca atunci când era dependent, într-o măsură mai mică sau mai mare	Lucrează cu suferința și apreciază bucuria
„Mă descurc singur“	Cocreator
Deseori pompos	Modest, dar încrezător
Puține posibilități și alegeri	Multe posibilități și alegeri
„Vis nefericit“	„Vis fericit“ (din *Curs despre miracole*)
Exclude existența unei Forțe Superioare	Admite existența unei Forțe Superioare
Boală	Sănătate
Blestem	Dar

În cursul procesului de recuperare, problemele noastre fundamentale ies la lumină de multe ori și, lucrând cu ele, devenim tot mai conștienți de acestea. Astfel descoperim că aceste probleme nu sunt izolate, ci deseori *interacționează cu* alte teme sau chiar le *includ*. De exemplu, problema încrederii interacționează adesea sau chiar include problema atitudinii de genul „totul sau nimic", cea a controlului și cea a stimei de sine scăzute.

Desprinderea, renunțarea și procesul de iertare

Multe persoane se înscriu într-un program în 12 pași sau unul similar pentru a se vindeca de alcoolism, de dependența de o altă substanță, de mâncatul excesiv, de nevroză ori de alte forme de suferință, iar după ce participă în mod regulat la întâlniri și lucrează cu problema lor timp de doi ani sau mai mult, continuă să sufere emoțional. Deseori, la o întâlnire obișnuită a unui asemenea grup, când cineva aduce în discuție o problemă de familie, furia sau confuzia, membrii acestuia evită să vorbească despre asta sau cineva spune: „De ce nu renunți?" ca și cum ne-am putea elibera imediat de confuzie și suferință. (În acest context, a renunța înseamnă a încredința supărarea sau resentimentele noastre unei Forțe Superioare.)

Însă nu putem „să renunțăm" la o problemă dacă nu știm mai întâi în ce constă aceasta. E necesar s-o explorăm *mai în profunzime*, începând să ne *trăim* conflictele, emoțiile și frustrările. Ideea nu e să le înțelegem pe plan *intelectual*, ci să le simțim în profunzime, cu trup și suflet, în esența ființei noastre. Pentru a înlesni acest proces, putem să ne asumăm riscuri, să vorbim și să ne spunem povestea unor persoane de încredere. Cu cât rana sau trauma noastră din trecut sau din prezent este mai profundă, cu atât mai des va trebui să ne spunem povestea și să ținem doliu fiindcă n-am obținut ceea ce voiam. Putem avea nevoie de luni sau chiar ani întregi în care să vorbim despre și să ne exprimăm emoțiile legate de suferințele și rănile noastre.

Abia după ce ne-am identificat și ne-am trăit suferința până la capăt devenim cu adevărat capabili să luăm în considerare *posibilitatea că avem de ales*. Putem alege fie să suferim în continuare, fie să punem capăt suferinței cauzate de ceea ce am descoperit că ne îngrijorează sau ne-a supărat. Dacă alegem să punem capăt suferinței și chiar ne simțim pregătiți să facem asta, ne putem detașa de ea. De obicei abia în acest moment devenim capabili „să renunțăm la ea" și să ne eliberăm complet de ea. Acest proces pas cu pas are mai multe denumiri, precum procesul de iertare, procesul de detașare, procesul de renunțare, decathexis sau pur și simplu desprindere.

Procesul poate fi rezumat în felul următor:

1. Devenim *conștienți* de ceea ce ne supără sau ne îngrijorează.
2. *Trăim* din plin acel lucru și ne spunem povestea în legătură cu el.
3. Luăm în considerare *posibilitatea* că putem alege să punem capăt suferinței, apoi
4. *Ne desprindem* de această suferință.

În cursul vindecării copilului interior, parcurgem acest proces de identificare sau conștientizare, trăire și eliberare. Întrucât cei mai mulți dintre noi au suferit numeroase pierderi rămase nerezolvate, lucrul cu acestea poate dura un timp îndelungat, punându-ne răbdarea la încercare. Ca o glumă, există o așa-zisă rugăciune pentru răbdare: „Doamne (Forță Superioară etc.), te rog să-mi dai răbdare și să mi-o dai chiar acum!"

Puterea de convingere (asertivitatea)

În etapa de transformare a procesului de vindecare a copilului interior, începem să devenim conștienți de diferența dintre a fi asertiv (plin de încredere în sine) și a fi agresiv. De obicei, a fi agresiv se referă la un gen de comportament bazat pe atac, fie el verbal, nonverbal sau fizic, care *ne poate* ajuta să obținem ceea ce vrem, dar atât noi, cât și cealaltă persoană ne vom simți rău sau vom fi supărați după interacțiunea respectivă. Pe de altă parte, a avea putere de convingere ne ajută să dobândim ceea ce vrem sau lucrul de care avem nevoie, dar *fără* ca asta să ne facă să ne simțim rău sau să fim supărați. De fapt, un indiciu foarte clar că am fost asertivi este că atât noi, cât și celălalt ne simțim în regulă sau chiar bine după interacțiunea pe care am avut-o.

Mulți copii care cresc în familii cu probleme sau disfuncționale învață fie să fie agresivi sau manipulativi, fie să stea în banca lor, fie să se retragă. Ei nu obțin ceea ce vor ori au nevoie. Nu au niciun model de asertivitate, rareori sunt învățați să se afirme, iar la vârsta adultă au un comportament agresiv și/sau manipulativ ori pasiv, le fac pe plac celorlalți sau folosesc o combinație a acestor metode.

De obicei, a deține puterea de convingere ne permite să obținem ceea ce vrem sau avem nevoie. Dar a învăța să facem asta necesită practică. De exemplu, putem practica asertivitatea cu persoanele de încredere și care ne susțin despre care vorbesc în această carte. Grupurile de terapie ne ajută enorm să ne exersăm asertivitatea. Însă unele persoane vor constata că au nevoie de un curs de asertivitate (prin care ne sporim încrederea în propria persoană). În majoritatea comunităților există cursuri de acest gen și nu costă mult.

Bob era un contabil în vârstă de 30 de ani care se alăturase unui grup de terapie pentru copii adulți din familii disfuncționale. La sesiunile grupului, era timid, retras și tăcut. Nu reușea să-și comunice părerile, oricât s-ar fi străduit. Un coleg care urmase un curs de asertivitate i-a sugerat să participe și el la o formare de acest gen. După curs, Bob a devenit mult mai activ si mai elocvent, atât în cadrul grupului, cât și în afara lui. „Am învățat să spun ce cred“, ne-a mărturisit el. „Acum, când mă deranjează ceva sau când vreau ceva, îmi spun părerea. Încă mi-e greu, dar mă mobilizez să mă exprim după ce m-am gândit la ce vreau să spun. Și de fiecare dată când reușesc să fiu convingător, devine puțin mai ușor“.

Când ne transformăm și devenim asertivi, cei din jur pot fi surprinși de schimbarea noastră. Nu-i exclus să încerce să ne facă să credem că e ceva în neregulă cu noi fiindcă ne-am schimbat.

Joe era un bărbat căsătorit în vârstă de 52 de ani, cu un copil, care crescuse într-o familie disfuncțională cu mari probleme în ceea ce privește limitele: fiecare își băga nasul unde nu-i fierbea oala. Pe parcursul copilăriei și, în mare măsură, al vieții de adult, fusese trist, confuz și plin de resentimente. În timpul terapiei a devenit mai categoric și mai sigur pe sine. „De curând l-am înfruntat pe tata fiindcă s-a purtat urât cu mine și m-am simțit foarte bine fiindcă mi-am afirmat autoritatea. Mai târziu, mama, care asistase la această scenă, i-a spus surorii mele: «Nu știu ce-i cu fratele tău Joe în ultima vreme. S-a schimbat. Mă întreb ce-o fi pățit», de parcă aș fi fost nebun sau cine știe ce. Dacă n-ar fi fost soția mea și grupul ăsta cu care să vorbesc, probabil că aș crede și eu că e ceva în neregulă cu mine, că poate am început s-o iau razna. Dar știu că nu-i așa; de fapt, încep să mă însănătoșesc.“

Joe trăiește o experiență frecvent întâlnită în cazul persoanelor aflate în terapie, care sunt pe cale să-și vindece copilul interior. Deseori, oamenii care ne-au cunoscut în trecut sau ne cunosc acum observă că s-a schimbat ceva la noi. În funcție de punctul în care ne aflăm în procesul de recuperare, e posibil ca ei să remarce acea schimbare și să se teamă că poate fi nevoie să se schimbe și ei într-o zi. E posibil să acumuleze atâta frică, încât pentru a scăpa de ea o varsă asupra altora, de multe ori asupra persoanei la care au constatat schimbarea. Unii oameni se simt în pericol când văd că alții se schimbă.

Declarația privind drepturile personale

În etapa de transformare, începem să descoperim că avem drepturi ca ființe umane individuale. În copilărie și poate chiar la vârsta adultă, e posibil să fi fost tratați de alții ca și cum am fi avut puține drepturi sau deloc. Poate am ajuns chiar noi să credem ca n-avem niciun fel de drepturi. Și poate că ne trăim viața ca și cum n-am avea niciun fel de drepturi.

Pe măsură ce ne regăsim și vindecăm copilul interior, e o idee bună să ne alcătuim propria declarație privind drepturile personale. În cadrul grupurilor terapeutice pe care le-am facilitat le-am cerut membrilor să reflecteze la drepturile lor, să le noteze și să le împărtășească grupului. Mai jos vă prezint o compilație a drepturilor create de mai multe grupuri.

Declarație privind drepturile personale

1. Am multe opțiuni în viață pe lângă simpla supraviețuire.
2. Am dreptul să-mi descopăr și să-mi cunosc copilul interior.

3. Am dreptul să țin doliu după lucrurile de care aveam nevoie, dar pe care nu le-am primit, precum și după cele pe care le-am primit, deși nu le doream și n-aveam nevoie de ele.
4. Am dreptul să trăiesc conform propriilor mele valori și standarde.
5. Am dreptul să spun „nu“ când simt că nu sunt pregătit, că nu sunt în siguranță sau că mi se încalcă valorile.
6. Am dreptul la demnitate și respect.
7. Am dreptul să iau decizii.
8. Am dreptul să-mi identific și să-mi respect prioritățile.
9. Am dreptul ca nevoile și dorințele mele să fie respectate de alții.
10. Am dreptul să pun capăt conversațiilor cu persoane care mă jignesc și mă umilesc.
11. Am dreptul să nu fiu responsabil pentru comportamentul, acțiunile, sentimentele sau problemele altora.
12. Am dreptul să fac greșeli și să nu fiu perfect.
13. Am dreptul să simt tot ceea ce simt.
14. Am dreptul să mă supăr pe o persoană pe care o iubesc.
15. Am dreptul să fiu eu însumi, fără să simt că nu sunt suficient de bun.
16. Am dreptul să mă simt speriat și să spun: „Mi-e frică“.
17. Am dreptul să simt frică, vinovăție, rușine și apoi să mă eliberez de ele.
18. Am dreptul să iau decizii pe baza sentimentelor mele, a judecății mele sau a oricărui motiv pe care îl aleg.
19. Am dreptul să mă răzgândesc oricând.
20. Am dreptul să fiu fericit.
21. Am dreptul la nevoile mele spațiale și temporale.
22. E în regulă să fii relaxat, jucăuș și glumeț.
23. Am dreptul să mă schimb și să evoluez.

24. Am dreptul să-mi îmbunătățesc abilitățile de comunicare pentru a fi înțeles.
25. Am dreptul să-mi fac prieteni și să mă simt în largul meu în preajma oamenilor.
26. Am dreptul să fiu într-un mediu nonabuziv.
27. Pot fi mai sănătos decât cei din jurul meu.
28. Pot avea grijă de mine, indiferent de împrejurări.
29. Am dreptul să-mi plâng pierderile reale sau potențiale.
30. Am dreptul să am încredere în persoane care mi-au câștigat încrederea.
31. Am dreptul să-i iert pe alții și să mă iert pe mine însumi.
32. Am dreptul să dăruiesc și să primesc iubire necondiționată.

Ar trebui să vă gândiți dacă aveți oricare dintre aceste drepturi. Convingerea mea este că fiecare ființă umană are absolut toate aceste drepturi și chiar mai multe.

Când ne transformăm, începem să integrăm aceste schimbări în viața noastră.

Capitolul 14

Integrarea

Când ne transformăm, începem să integrăm și să aplicăm transformarea în viața de zi cu zi. A integra înseamnă a obține un întreg din părți separate. A ne vindeca înseamnă să devenim întregi sau să ne integrăm – „să ne punem în ordine" (Epstein, 1986). Vindecarea și integrarea reprezintă opusul confuziei și haosului din trecut. Acum folosim tot ceea ce am învățat și integrat în cursul procesului de recuperare pentru a ne face o viață mai bună.

În această etapă, nu mai suntem atât de confuzi și ne este din ce în ce mai ușor să folosim lucrurile pe care le-am învățat. Pur și simplu facem ce avem de făcut, aproape din reflex.

În etapa de integrare, suntem aceia care suntem și nu simțim nevoia să ne cerem scuze nimănui fiindcă suntem noi înșine. Acum putem să ne relaxăm, să ne jucăm și să ne distrăm fără să ne simțim vinovați. În același timp, am învățat să stabilim limite atunci când acest lucru e în interesul nostru. Ne cunoaștem drepturile și acționăm pe baza lor.

Putem crea o imagine care ne ajută să clarificăm acest *proces* de vindecare a copilului interior (figura 3). Din această ilustrație se vede că recuperarea nu este o întâmplare sau un eveniment static. Ea nu ni se întâmplă pur și simplu, după care începem să ne bucurăm de viață. Recuperarea nu e un eveniment de genul „totul sau nimic". Este un *proces constant* care continuă în momentul prezent, în nenumărate momente prezente.

În procesul de recuperare, nu ne trezim o singură dată la realitate. Avem numeroase revelații. Nu ne asumăm riscuri o singură dată, nu ne spunem povestea o singură dată. O spunem din nou și din nou, când ne doare și plângem, evoluăm și, una peste alta, ne bucurăm de viață.

Începem să ne identificăm pierderile din trecut și prezent și ținem doliu după fiecare dintre ele. Pe măsură ce ies la lumină probleme fundamentale din viața noastră, vorbim despre ele și lucrăm cu ele. E posibil să remarcăm două probleme cu care ne confruntăm frecvent: gândirea/comportamentul de tip „totul sau nimic" și controlul. În funcție de numărul și severitatea pierderilor după care nu am jelit, poate a fost nevoie să folosim acest tip de gândire și comportament pentru a supraviețui (vezi figura 3, partea stângă-sus). Când eram copii mici, nu aveam prea multe alternative. Dar acum, în etapa de transformare și integrare, începem să ne eliberăm din capcana lor. Iar pe parcurs observăm că nevoia noastră de a deține controlul scade treptat.

Începem să ne identificăm nevoile și să vedem cum le putem satisface într-un fel sănătos. De asemenea, începem să exersăm autenticitatea prin exercițiul de a fi sinele nostru real.

Vindecarea copilului interior nu are loc într-un mod liniar, după cum ar putea sugera secvențele din figura 3. Are tendința să se petreacă în valuri sau de o manieră circulară, apoi în spirală, la fel ca povestea noastră. De fiecare dată când finalizăm și integrăm o poveste – acel „episod" anume din povestea vieții noastre, dobândim libertatea de a crea o poveste nouă, mai amplă și mai onestă sau mai autentică. O parte din acest adevăr și această onestitate este strâns legată de a fi noi înșine, cine suntem cu adevărat. Pe măsură ce creștem și progresăm, compilăm și creăm povești din ce în ce mai ample, integrând-o pe fiecare dintre ele în viața noastră (vezi figura 4).

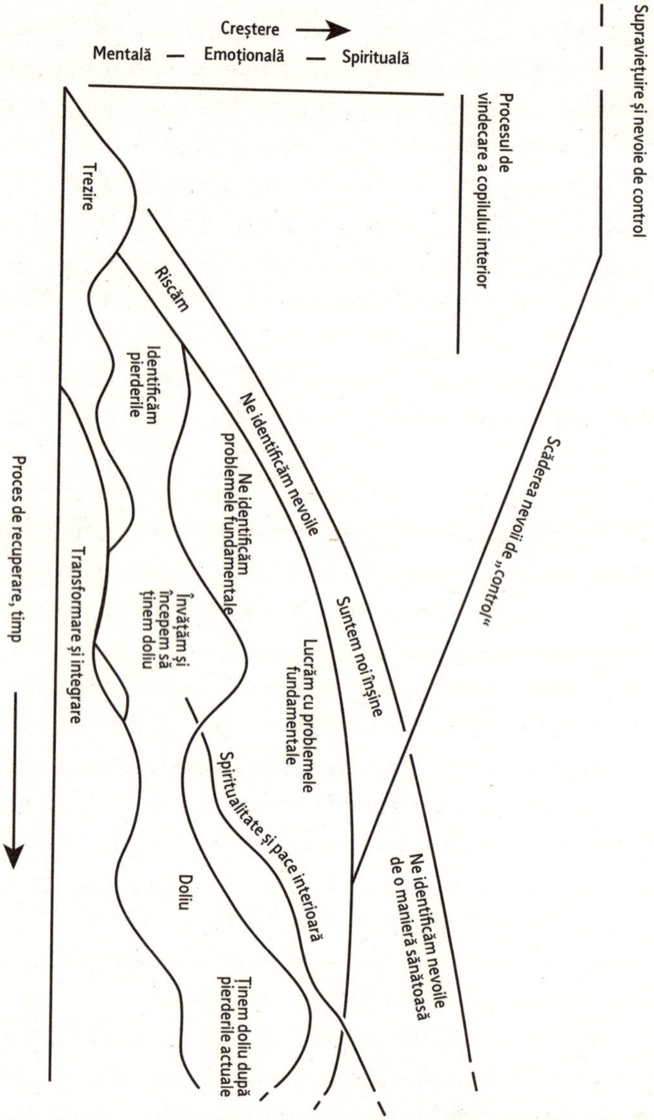

Figura 3. Procesul de vindecare a copilului interior

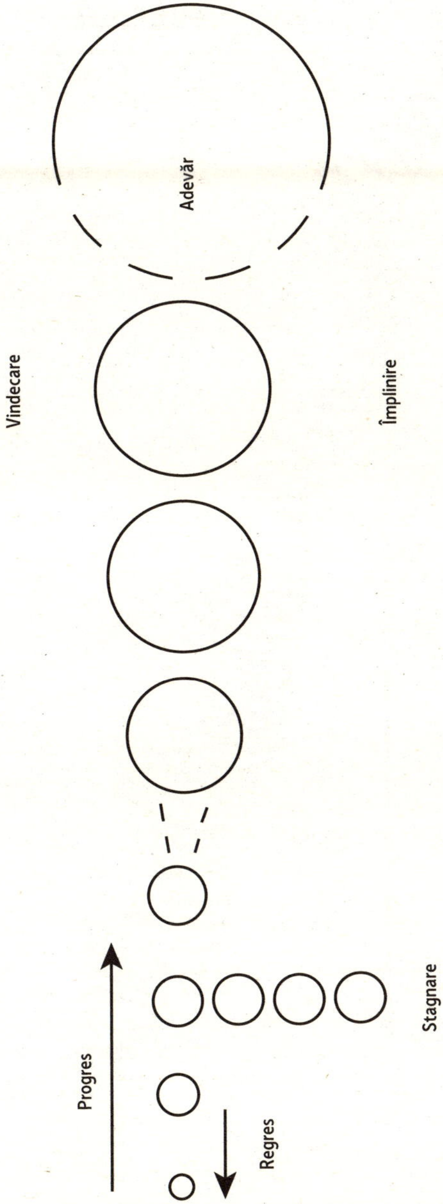

Figura 4. Cocrearea poveștii noastre (fiecare cerc este o poveste)

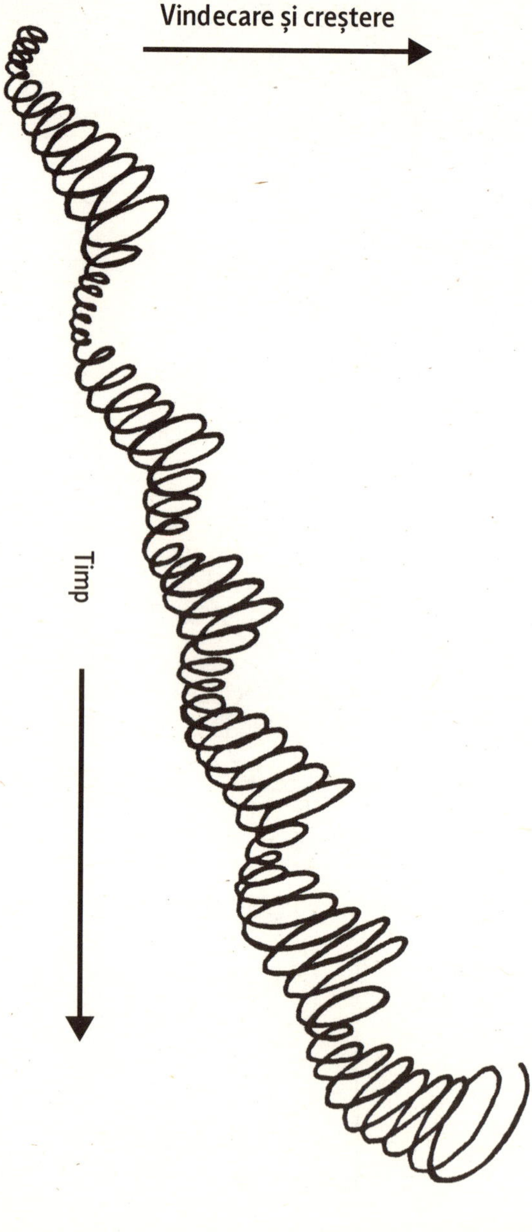

Figura 5. Vindecare și creștere: simțim, ne spunem povestea și observăm totul

În procesul de vindecare, integrare și creștere, ne vom confrunta adesea cu aparente regrese sau decăderi. S-ar putea să avem impresia că am pierdut tot ce am câștigat. E posibil să ne simțim confuzi, deznădăjduiți și suferinzi. Acesta este un moment crucial din povestea și din viața noastră. Este o ocazie de a învăța ceva important despre copilul nostru interior. Dacă rămânem conectați cu emoțiile și experiențele noastre din Momentul Prezent, din Clipa de Acum, chiar dacă totul pare pierdut, probabil vom descoperi din nou că, pentru a ne elibera de suferință, trebuie s-o trăim. Iar pentru asta e necesar să intrăm în contact cu ea și să le vorbim despre ea unor persoane de încredere.

De asemenea, ne poate ajuta să simțim durerea și bucuria în singurătate. În momentele de solitudine, este posibil să ne gândim că în viață există ceva mai puternic decât noi. Deși nu-i ușor, dacă îndrăznim, putem accede la o stare interioară de smerenie și renunțare, spunând: „Dacă există un Dumnezeu sau o Forță Superioară, o rog să mă ajute".

Acest proces ne este deja familiar. Pe lângă faptul că reprezintă povestea noastră, ne permite să identificăm o pierdere atunci când aceasta intervine și apoi să ținem doliu după ea. Când ținem doliu și ne spunem povestea, e posibil să luăm în calcul o nouă perspectivă – aceea că, uneori, putem să ne detașăm de această poveste și s-o observăm. Când ne distanțăm și mai mult de ea și o observăm, începem să vedem un tipar compus din *multe* povești, din progrese și regrese, dar care, în ansamblu, urmează întotdeauna o direcție de ascensiune și extindere (figura 5). În timp, acesta constituie procesul nostru de recuperare și dezvoltare.

Când eram copii, pentru a supraviețui în mediul în care trăiam, eram nevoiți să suportăm abuzurile din partea celorlalți. Acum nu mai e cazul să tolerăm comportamentele nepotrivite. Acum avem de ales. Putem să ne trăim viața așa cum ne dorim.

Deseori, integrarea survine între al treilea și al cincilea an al unui program de recuperare complet. Când apare o sursă de stres care ne retrezește o emoție din etapa de supraviețuire, suntem capabili să conștientizăm și să recunoaștem imediat o problemă fundamentală, să parcurgem rapid etapa de transformare, să ne amintim ce se întâmplă, cum să evităm abuzurile și că putem să impunem limite și să facem alegeri (Gravitz și Bowden, 1986). Nu mai e nevoie să ne consumăm energia negând ce se întâmplă, întrucât acum simțim și vedem lucrurile așa cum sunt ele în realitate. Raportat la trecutul nostru, blocajul durează foarte puțin.

Nu mai e nevoie să ne luăm un răgaz ca să ne gândim în mod conștient la ce se întâmplă, deși e în regulă să procedăm așa. Pur și simplu, facem ce e de făcut. Ne luăm pe deplin în stăpânire sinele real, ceea ce presupune și *să fim autentici* când simțim că e cazul, dar și să alegem să *nu* ne dezvăluim în anumite situații sau în preajma anumitor persoane. Când ne confruntăm cu o pierdere, ne simțim speriați, supărați sau regresăm la o vârstă mai tânără, parcurgem din nou procesul, uneori rapid, alteori mai lent.

Stabilim limite potrivite în relațiile cu cei din jur. Dacă aceștia continuă să ne calce în picioare sau să ne ignore, fie le spunem: „Nu, nu mai ai dreptul să faci asta", fie ne îndepărtăm. Nu mai stăm în ploaie prefăcându-ne că nu plouă (Gravitz și Bowden, 1986). Nu mai suntem victime sau martiri.

Drumul pe care l-am parcurs până acum pentru a-l vindeca pe copilul nostru interior poate fi rezumat, parțial, în următoarea poezie compusă de Portia Nelson.

Autobiografie în cinci capitole scurte

1) Mă plimb pe o stradă.
În trotuar e o groapă adâncă.
Cad în ea.
Sunt pierdut... nu mai am nicio speranță.
Nu e vina mea.
Durează o veșnicie să găsesc o cale de ieșire.

2) Mă plimb pe aceeași stradă.
În trotuar e o groapă adâncă.
Mă prefac că n-o văd.
Cad din nou în ea.
Nu-mi vine să cred că am ajuns în același loc.
Dar nu e vina mea.
Din nou îmi ia foarte mult timp să ies.

3) Mă plimb pe aceeași stradă.
În trotuar e o groapă adâncă.
Văd că e acolo.
Dar tot cad în ea... e un obicei.
Am ochii deschiși.
Știu unde mă aflu.
E vina mea.
Ies imediat din groapă.

4) Mă plimb pe aceeași stradă.
În trotuar e o groapă adâncă.
O ocolesc.

5) Mă plimb pe o altă stradă.

Capitolul 15

Rolul spiritualității

Spiritualitatea constituie un aspect atât de vast al procesului de recuperare, încât acest scurt capitol este doar o introducere în subiect. Însă ea joacă un rol important – după unii, chiar crucial – în vindecarea copilului nostru interior.

Spiritualitatea este ultima „etapă" a procesului de recuperare. De fapt, în mod paradoxal, ea nu poate fi o etapă, întrucât reprezintă un proces continuu de lucru cu suferința, vindecarea și seninătatea.

O încercare de a defini spiritualitatea

Pe scurt, spiritualitatea se referă la relațiile pe care le avem cu noi înșine, cu alții și cu universul. Se caracterizează printr-o serie de concepte și principii-cheie, unul dintre acestea fiind natura ei *paradoxală*. Mai exact, situații, entități sau experiențe aparent opuse coexistă într-un mod armonios. De exemplu, spiritualitatea este deopotrivă *subtilă* și *puternică*. Seamănă cu respirația. În cea mai mare parte a timpului, nici nu ne dăm seama că respirăm. Însă respirația este atât de importantă încât, dacă se oprește, murim.

Spiritualitatea are o natură *personală*. Fiecare dintre noi trebuie s-o descopere pe cont propriu, în felul său. Este extrem de *utilă*, în sensul că se ocupă de un întreg spectru de aspecte ale vieții, de la a învăța să avem încredere la eliberarea de suferință. De asemenea, spiritualitatea este *experimentală*. Pentru a o aprecia, a o folosi și a o înțelege, trebuie să o trăim. Nu o putem cunoaște în esența ei cu ajutorul intelectului sau al rațiunii. Altfel spus, nu poate fi cunoscută, ci doar trăită.

Spiritualitatea este *indescriptibilă*. Este atât de vastă încât, chiar dacă am citi toate marile cărți sfinte ale lumii și i-am asculta pe toți marii maeștri spirituali, n-am reuși s-o pătrundem. Spiritualitatea este *atotcuprinzătoare* și *încurajatoare*. Nu respinge nimic. Iar în această privință ne putem referi la religia organizată, care este o parte a spiritualității. Astfel, deși *spiritualitatea nu înseamnă religie organizată*, ea o include, o susține și apoi o transcende pe aceasta.

Spiritualitatea ne ajută *să ne vindecăm* și *să evoluăm*, ceea ce, în ultimă instanță, ne permite *să ne simțim împliniți*. Călătoria descoperirii și a vindecării descrisă în această carte este de fapt o călătorie spirituală, deși atunci când pornim la drum de obicei nu o vedem în acest fel. Începem și parcurgem fiecare etapă a vindecării, apoi trecem în următoarea. Iar când trecem de la o etapă la alta, nu lăsăm în urmă și nici nu anulăm etapele anterioare. Mai degrabă le *transcendem*, ceea ce înseamnă că, deși continuăm să le respectăm și să le folosim spontan, în modul potrivit pentru noi, acționăm și ne trăim viața de la un nivel cu totul nou al conștiinței și ființei noastre. Aceste niveluri ale conștiinței sunt echivalente cu mai multe modele ale căii noastre spirituale.

Vizualizarea „căii noastre spirituale"

În anii 1940 și 1950, Maslow a creat o ierarhie a nevoilor umane (vezi tabelul 14). De jos în sus, acestea sunt următoarele: (1) Funcționarea sau supraviețuirea fiziologică elementară; (2) Siguranța; (3) Sentimentul de apartenență și de iubire; (4) Autoconștientizarea sau cunoașterea și familiarizarea cu sinele nostru adevărat și (5) Transcendența sau spiritualitatea, conștientizarea deplină a sinelui nostru adevărat, în relație cu sinele nostru superior. Acestea corespund nevoilor descrise în capitolul 4 și tabelul 2, unde nevoile umane sunt prezentate mai detaliat. De asemenea, sunt corelate cu procesul de descoperire și vindecare a copilului nostru interior descris în această carte. În cele din urmă, sunt corelate cu nivelurile conștiinței umane.

Pe măsură ce învățăm diverse moduri de a examina, conceptualiza și „cartografia" călătoria vindecării noastre, observăm că acestea sunt similare cu sau poate chiar reprezintă aceeași călătorie, privită dintr-o perspectivă puțin diferită. Aceste trei modalități pot fi puse în corespondență și cu procesul de recuperare în 12 pași: a supraviețui alcoolismului activ (sau dependenței de o altă substanță, codependenței, alimentației excesive sau altor abuzuri și suferințe), a recunoaște că avem o problemă și a trece de la izolare la împărtășire, eventual implicând și o Forță Superioară. Pașii următori sunt autoexaminarea, catharsisul (purificarea) și schimbarea personalității, apoi crearea unor relații mai bune, susținerea altora și, în final, descoperirea seninătății.

Tabelul 14. Ierarhii similare ale nevoilor umane, dezvoltării și conștiinței

Piramida lui Maslow	Vindecarea copilului interior	Nivelul conștiinței
		Unitate
	Folosirea spiritualității	
		Compasiune
Transcendență		

	Integrare	Înțelegere (creativitate, cunoaștere naturală)
Autoconștientizare	Transformare	Acceptare prin conflict (inimă)
	Lucrul cu problemele fundamenale (explorare)	„Putere“ (minte, ego, „identitate“)
Apartenență și iubire	Trezire (începutul conștientizării)	
Siguranță		Pasiune (emoții, instincte sexuale)
Nevoi fiziologice	Supraviețuire	Supraviețuire (hrană, adăpost, protecție, boală)

Pe măsură ce facem progrese cu vindecarea copilului interior, observăm că acesta nu se limitează la unul sau două niveluri ale existenței sau conștiinței noastre. Copilul nostru interior este corelat cu și există la toate cele șapte niveluri, conform celor prezentate în tabelul 15.

Bebelușul neajutorat

Dacă parcurgem tabelul 15 de jos în sus, observăm că o parte a copilului nostru interior este un „bebeluș neajutorat“. Acesta vrea și trebuie să fie îngrijit și hrănit. Când parcurgem etapele dezvoltării noastre, mai întâi avem nevoie de afecțiune, îngrijire și hrană. Abia când aceste nevoi ne sunt satisfăcute suntem pregătiți să trecem la etapa următoare. Întrucât nevoile lor n-au fost satisfăcute în acest fel, mulți copii neglijați sau abuzați nu și-au finalizat dezvoltarea la acest nivel. Un obiectiv al procesului de recuperare este să învățăm să ne satisfacem nevoile și să fim hrăniți pe plan emoțional, pentru a putea parcurge din nou această etapă, desăvârșind astfel procesul neîncheiat de dezvoltare.

De asemenea, descoperim că există o singură persoană care ne poate asigura hrana emoțională de care avem nevoie, iar acea persoană suntem noi înșine. Dar nu este vorba despre sinele nostru fals, ci despre copilul nostru interior total. Astfel, copilul interior este deopotrivă cel care ne hrănește și bebelușul neajutorat care tânjește cu disperare după hrană, precum și toate celelalte părți. *Noi suntem propriul nostru părinte și îngrijitor*. Trebuie să ne asigurăm că primim lucrurile de care avem nevoie. Uneori apelăm la alții să ne ajute să ne satisfacem nevoile, dar, în esență, doar noi putem face acest lucru. Aceste nevoi sunt menționate în tabelul 2 din capitolul 4.

Tabelul 15. Niveluri de existență sau conștiință ale copilului interior

- Copilul care iubește necondiționat
- Copilul plin de compasiune
- Copilul creativ
- Copilul care se luptă și se dezvoltă
- Copilul care gândește și raționează
- Copilul care simte
- Bebelușul neajutorat

Copilul care simte

Copilul care simte din interiorul nostru abundă în trăiri și emoții. Precum toate cele șapte niveluri de existență ale copilului interior, este interconectat cu fiecare dintre celelalte niveluri. Copilul care simte ne dă de știre când e necesar să ne mobilizăm în privința unui lucru. Acesta poate fi o problemă, cum ar fi un pericol sau un atac real, ceva plăcut sau o reacție emoțională din trecut care iese la suprafață. Indiferent despre ce este vorba, acum acordăm atenție acelui lucru (vezi capitolul 10 despre emoții).

Copilul care gândește și raționează

Copilul care gândește și raționează este asociat cu egoul, mintea sau sinele nostru. Pentru mulți dintre noi, el este așa-zisa noastră „identitate", ceea ce credem în mod eronat că suntem. De asemenea, este confundat adesea cu sediul „puterii". Însă el reprezintă doar o parte din noi.

Copilul care gândește și raționează este poate acea parte a sinelui nostru adevărat conectată cel mai direct cu sinele nostru fals. Am putea spune chiar că sunt prieteni. Ne înțelege sinele fals mai bine decât oricine altcineva, ca urmare poate lucra cu acesta când *avem nevoie* de el. La multe persoane, copilul care gândește și raționează și sinele fals sunt exagerate sau supradezvoltate.

Pe măsură ce ne vindecăm, aducem în joc și alte părți ale copilului nostru interior, devenind mai echilibrați, integrați, individualizați și întregi.

Copilul care se luptă și se dezvoltă

Copilul care se luptă și se dezvoltă corespunde nivelului de conștiință al „inimii"; este cheia sinelui nostru superior și a seninătății. Este legătura dintre sinele nostru superior și sinele nostru inferior. Poate fi descris, parțial, prin expresia „acceptare prin conflict". Asta înseamnă să acceptăm „ceea ce este" mai întâi recunoscând sau devenind conștienți de acest lucru, apoi gestionând durerea ori savurând plăcerea și, în final, împăcându-ne cu el. Este analog cu procesul de doliu, cu procesul de iertare–cedare–detașare–renunțare și cu procesul de relatare a propriei povești, prin faptul că folosește aceste procese pentru a accepta și a evolua.

Copilul creativ

Vi s-a întâmplat vreodată să simțiți sau să știți că un lucru e adevărat sau corect, fără să aveți nevoie de o explicație rațională sau o demonstrație? Copilul nostru creativ folosește așa-numitele „reacții viscerale" sau „intuiția" pentru a-l ajuta în viață. Este acea parte din noi care cunoaște în mod natural și inerent. Prin intermediul acestei părți a copilului nostru, primim în mod regulat idei, inspirație și sclipiri de creativitate. De exemplu, se poate spune că majoritatea marilor opere artistice, scrieri literare și descoperiri științifice își au originea în această parte din noi.

Însă uneori sinele nostru fals poate încerca să se deghizeze sub forma copilului creativ, iar „intuițiile" sale ne vor induce adesea în eroare. De aceea e bine să verificăm la ce rezultate ne conduc inspirația și intuițiile noastre. Dacă au efect, probabil că își au originea în copilul nostru creativ. În caz contrar, e posibil să provină de la sinele nostru fals. Există mai multe cărți pe această temă, precum *Awakening Intuition* (*Trezirea intuiției*) de Frances Vaughan.

Copilul plin de compasiune

Vi s-a întâmplat să vă impresioneze atât de mult povestea cuiva, încât să vă dea lacrimile? Și, în același timp, deși era clar că persoana suferea ori suferise și/sau trăise bucurie, să înțelegeți că n-are niciun rost să încercați s-o „salvați" sau s-o schimbați? Când avem asemenea experiențe, suntem în contact direct cu copilul nostru plin de compasiune. De fapt, în acel moment, *suntem* copilul plin de compasiune.

Copilul nostru plin de compasiune este un fel de imagine în oglindă sau opus al copilului pasional. Copilul pasional poate încerca să rezolve problema celuilalt, să-l salveze sau să-l schimbe. De asemenea, am putea observa că, de fapt, copilul nostru creativ este imaginea în oglindă a copilului care gândește și raționează, iar copilul care iubește necondiționat e imaginea în oglindă a bebelușului neajutorat (tabelul 15).

Copilul care iubește necondiționat

În multe cazuri această parte din noi este cel mai greu de înțeles și de experimentat. Poate că în copilărie am suferit asemenea abuzuri – și, în unele cazuri, încă mai suferim – încât nu suntem capabili să iubim pe cineva necondiționat, nici măcar pe noi înșine. Din cauza acestei dificultăți și deoarece consider că aceasta este o problemă fundamentală pe care trebuie să o rezolve copiii adulți traumatizați, o voi prezenta mai detaliat.

Iubirea și iubirea necondiționată

Stima de sine scăzută – senzația că suntem în mod inerent defecți și nevrednici – este o experiență comună în rândul persoanelor care au fost abuzate. De asemenea, o întâlnim frecvent în cazul celor afectați de o boală precum alcoolismul, dependența de o altă substanță, o tulburare alimentară sau o altă asemenea problemă care ne face adesea să ne simțim ca niște victime. Dată fiind o serie de alți factori importanți, inclusiv traumele repetate din copilărie și de mai târziu, incapacitatea de a controla consumul de alcool sau de droguri, alimentația, alte persoane sau *orice altceva*, credem că pur și simplu nu merităm să primim iubire.

În loc să ne considerăm nedemni de a fi iubiți, putem adopta credința că nu avem *nevoie* de iubire. Asta se traduce în „nu vreau să fiu iubit" și apoi în „voi respinge iubirea, indiferent cine mi-o oferă" (Gravitz și Bowden, 1985). În cele din urmă, ne „înghețăm" trăirile sau devenim incapabili să trăim pe deplin sentimente și emoții, mai ales iubirea.

Deseori începem să simțim efectele tămăduitoare ale iubirii în cursul procesului de recuperare, când primim iubire necondiționată din partea unui grup de sprijin sau terapeutic, a unui consilier, sponsor sau prieten de încredere. Într-adevăr, iubirea este resursa care ne ajută în cea mai mare măsură să ne vindecăm, iar pentru a fi și a rămâne sănătoși, avem nevoie să fim iubiți în felul acesta timp de ani întregi. Apoi devenim capabili să iubim la rândul nostru.

O problemă pentru mulți dintre noi este că deseori vedem iubirea ca pe o experiență sau ca pe o entitate limitată, cum ar fi „îndrăgostirea". În procesul de recuperare, învățăm că iubirea nu este o simplă emoție. Este mai degrabă o *energie* care se manifestă printr-un *angajament* și *voința de a ne extinde cu scopul de a încuraja propria dezvoltare sau cea a unei alte persoane pe toate planurile*: fizic, mental, emoțional și spiritual (Peck, 1978).

Pe măsură ce evoluăm în procesul de recuperare, ne dăm seama că există mai multe tipuri de iubire. Acestea sunt menționate în tabelul 16, conform celor șapte niveluri ale conștiinței. Din această perspectivă, înțelegem că în cazul sinelui inferior iubirea înseamnă nevoia de a fi iubit, „chimie" sau îndrăgostire, posesie, o admirație puternică sau chiar venerație – pe scurt, iubirea romantică tradițională. Multe persoane care au copilărit într-o familie disfuncțională și al căror copil interior a fost înăbușit se blochează la aceste niveluri sau moduri inferioare de a trăi iubirea. Vindecându-ne copilul interior, ajungem să descoperim, să parcurgem și să ne ridicăm la niveluri superioare ale iubirii, precum afecțiune prin conflicte, iertare, încredere, angajament față de propria evoluție și evoluția unei persoane dragi, empatie și acceptare necondiționată, existență pură și pașnică. Prin recunoaștere, experimentare și renunțare, precum și folosind practicile spirituale prezentate și predate de mulți, ne putem deschide treptat față de Iubirea care există în fiecare dintre noi (Whitfield, 1985; 2006).

În cele din urmă, înțelegem că iubirea este ceea ce folosim noi și Forța noastră Superioară, orice ar însemna asta din punctul nostru de vedere, pentru a ne vindeca. În esență, ea este ceea ce conduce la vindecare în terapia de grup, consiliere, prietenie, meditație, rugăciune și așa mai departe. *Nu trebuie să ne mai fie frică de iubire sau să fugim de ea, întrucât știm că iubirea se află în interiorul nostru, fiind miezul și forța tămăduitoare a copilului nostru interior.*

Sinele observator

Pe măsură ce facem progrese în recuperare, descoperim că există o parte a noastră, aflată poate undeva în sinele superior al copilului nostru interior, care este capabilă să se detașeze și să privească, să observe sau să asiste la evenimentele din viața noastră. De exemplu, multor persoane li s-a întâmplat să se supere foarte rău, după care să se detașeze într-o asemenea măsură de supărarea și emoțiile lor, încât să constate că se observau pe ele însele supărate. Uneori persoana are o experiență extracorporală, în care se vede pe ea însăși sau o reprezentare a ei în timp ce e supărată. Această capacitate poate fi cultivată practicând vizualizări ghidate sau eidetice. Cu ochii închiși, persoana vizualizează sau își imaginează scena sau activitatea care o preocupă. Apoi vizualizează o soluție pozitivă a problemei. Acest lucru poate fi practicat și în timpul meditației. Dacă o efectuăm într-un mod constructiv, este o practică benefică.

Deikman (1982) și alții numesc această parte puternică și eliberatoare a noastră *observator* sau *sinele observator*. În literatura psihologică occidentală se folosește termenul „egoul observator", dar nu se explorează natura specială a „egoului" și implicațiile sale cu privire la înțelegerea sinelui. Prin urmare, se pierd din vedere dinamica, semnificația și importanța sinelui observator, iar teoriile despre sine sunt întrucâtva confuze.

Sinele observator joacă un rol central în vindecare. În figura 6 este redată o ilustrație care prezintă relațiile dintre sine (sau „sinele obiect") și sinele observator. Sinele este preocupat să gândească, să simtă, să acționeze, să dorească și alte activități orientate pe supraviețuire. (Această concepție mai veche și mai puțin utilă despre sine se referă deopotrivă la porțiuni ale sinelui fals și ale sinelui adevărat.) Însă sinele observator, o parte din cine suntem în realitate, este acea parte a noastră care observă atât sinele fals, cât și sinele adevărat. Se poate spune chiar că ne observă în timp ce observăm. Este Conștiința noastră, experiența fundamentală a

Iubire, adevăr, vindecare și putere la nivelurile conștiinței umane (nivelurile 1–3 sunt asociate cu sinele inferior) (din Whitfield, 1985)

Ierarhia conștiinței	Iubire	Adevăr	Vindecare	Putere
7) Conștiința unității	Existență pașnică	Existență pașnică	Existență pașnică	Existență pașnică
6) Compasiune	Empatie și acceptare necondiționată	Iubire și acceptare	Iubire și acceptare	Iubire și acceptare
5) Înțelegere	Angajament față de evoluție	Creativitate	Decizii potrivite	Înțelepciune
4) Acceptare/inimă	Iertare	Iertare	Iertare	Iertare
3) Minte/ego	Venerație Posesie	Experiență Convingeri	Prevenire, educație Nivel psihologic	Afirmare Persuasiune
2) Pasiune	„Chimie“	Senzații	Grijă și afecțiune	Manipulare
1) Supraviețuire	Nevoi	Știință	Nivel fizic	Forță fizică

copilului nostru interior. Prin urmare, ea nu poate fi observată sau cel puțin nu de un lucru sau o ființă cunoscută de pe acest pământ. Ea transcende cele cinci simțuri, sinele nostru fals și toate celelalte părți inferioare, dar necesare ale noastre.

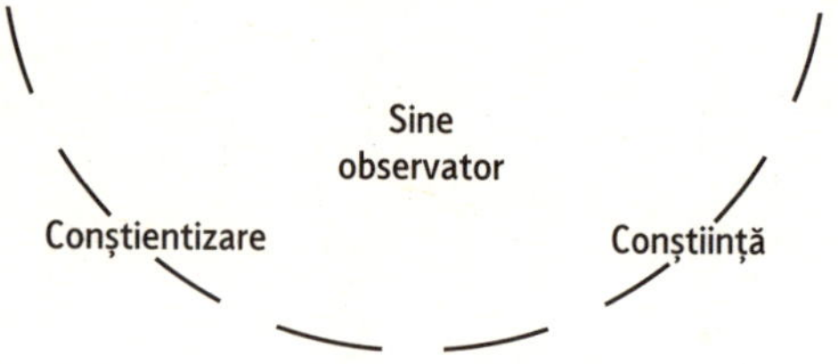

Aspecte ale sinelui

Gândire, planificare, rezolvare, îngrijorare

Emoții, sentimente, afecte

Acțiuni, comportament, funcționare

Dorință, vis, fantezie

Figura 6. Relația dintre sinele observator și sine (sinele obiect)
(compilație după Deikman, 1982)

Copiii traumatizați deveniți adulți pot confunda sinele observator cu un fel de mecanism de apărare pe care l-au folosit pentru a evita sinele real și toate trăirile acestuia. Putem numi acest mecanism de apărare un „sine observator fals", întrucât are o perspectivă tulbure. Acest sine este nefocalizat, fiind preocupat să ne detașeze și să ne anesteziezeze sentimentele. El neagă și distorsionează copilul nostru interior, iar deseori are tendința să judece. Pe de altă parte, sinele observator adevărat are o perspectivă clară, observă cu mai multă acuratețe și tinde să accepte lucrurile așa cum sunt. Mai jos sunt prezentate aceste diferențe.

Câteva diferențe dintre sinele observator adevărat și sinele observator fals

	Adevărat	Fals
Perspectivă	Clară	Tulbure
Preocupare	Observă	Anesteziază
Emoții	Le observă cu acuratețe	Le neagă
Atitudine	Acceptă	Judecă

Când ne extindem conștiința, curând putem deveni conștienți de rolul pe care-l avem în spectacolul mai amplu al lumii, în cadrul „dramei cosmice". Observându-ne evoluția sau melodrama personală, începem să înțelegem că sinele observator este acea parte din noi care, atunci când ne dăm seama că „mergem înainte orbește", poate să facă un pas înapoi și să observe acest lucru, prin puterea imaginației noastre. Asta ne permite să apelăm la simțul umorului – un mecanism de apărare extrem de eficient, râzând de noi înșine fiindcă luăm totul prea în serios.

Deikman (1982) a spus: „Sinele observator nu face parte din lumea obiectivă alcătuită din gândurile și percepțiile noastre senzoriale, întrucât nu are limite în sensul propriu al cuvântului; toate celelalte lucruri sunt limitate. Astfel conștiința obișnuită conține un element transcendent pe care rareori îl observăm, deoarece constituie însăși temelia experienței noastre. Cuvântul transcendent este justificat întrucât, din moment ce conștiința subiectivă – sinele observator – nu poate fi observată, ci rămâne întotdeauna separată de conținutul conștiinței, probabil că are o natură diferită de toate celelalte lucruri. Natura sa fundamental diferită iese la lumină când ne dăm seama că sinele observator este lipsit de caracteristici; el nu poate fi influențat de lume, tot așa cum o oglindă nu poate fi influențată de imaginile pe care le reflectă".

Pe măsură ce sinele observator capătă amploare, sinele inferior sau obiectiv tinde să se restrângă. Identificarea primară cu sinele nostru inferior este asociată adesea cu suferința și cu boala. Însă, pentru a funcționa un timp mai îndelungat de la nivelul sinelui observator, e necesar să ne construim un sine puternic și flexibil, ceea ce face parte din procesul de vindecare a copilului nostru interior.

Dobândirea seninătății

Pe măsura ce ne familiarizăm cu sinele nostru observator și cu puterea vindecătoare a spiritualității, putem începe să construim o cale de a dobândi seninătatea, pacea interioară și fericirea. Mai jos am comprimat o descriere din *Alcoholism and Spirituality*, în care fiecare cale este prezentată mai detaliat.

Câteva căi către seninătate

1. Nu suntem conștienți de Călătoria noastră, suntem limitați (umilință): putem să studiem „legile" universale, să le aproximăm și să acceptăm faptul că nu cunoaștem esența lucrurilor. Având în vedere aceste limitări, de-a lungul secolelor, înțelepții au vorbit despre următoarele:
2. Forța Superioară se află în fiecare dintre noi și noi facem parte din Forța Superioară.
3. Putem privi realitatea ca pe o ierarhie de niveluri ale conștientizării, conștiinței sau existenței.

4. Mergem Acasă (*suntem* deja Acasă, întotdeauna). Pe acest pământ, a fi acasă înseamnă a exista la toate nivelurile conștientizării sau ale conștiinței noastre, în propriul nostru mod.
5. Când mergem Acasă, trăim un conflict (o melodramă, dramă cosmică). Acest conflict și această tensiune creativă ne sunt utile într-un fel, probabil fiindcă ne ajută să ajungem Acasă.
6. Avem de ales. Putem să ne folosim corpul, egoul/mintea și relațiile din această lume pentru a adânci separarea și suferința. Sau le putem folosi ca pe niște vehicule cu ajutorul cărora Sufletul, Spiritul sau Sinele nostru Superior se poate întoarce Acasă pentru a sărbători această întoarcere.
7. Forța Superioară (Acasă) este Iubirea (Iubirea este, poate, modul cel mai util în care cunoaștem Forța Superioară).
8. Putem înlătura obstacolele care ne împiedică să intrăm în contact cu Forța noastră Superioară experimentând (inclusiv trăind în prezent), amintindu-ne, iertând și abandonându-ne (aceste cinci realizări pot fi considerate, în esență, una și aceeași). Practicile spirituale obișnuite ne pot ajuta în acest sens.
9. Separarea, suferința și răul reprezintă absența cunoașterii Iubirii și, prin urmare, nu sunt decât niște iluzii. În același timp, ele sunt manifestări ale procesului de căutare a Iubirii, Împlinirii și locului numit „Acasă". Astfel răul și întunericul sunt de fapt în slujba Luminii.
10. Ne creăm propria poveste prin intermediul convingerilor, gândurilor și acțiunilor noastre. Ceea ce credem, gândim și simțim în mintea și inima noastră producem de obicei în experiența și viața noastră. Primim ceea ce dăruim. Exteriorul reflectă interiorul.

11. Viața este un Proces, o Forță sau un Flux care ne trăiește. Nu noi trăim viața, ci ea ne trăiește pe noi. Când ne abandonăm vieții, adică atunci când ne lăsăm în voia Procesului ei și ne asumăm responsabilitatea pentru participarea noastră la el, devenim cocreatori. Atunci ne putem elibera de suferința cauzată de faptul că ne împotrivim curgerii Vieții noastre.
12. Pacea interioară sau seninătatea înseamnă a cunoaște, a practica și a fi toate cele de mai sus. În esență, descoperim că suntem deja și întotdeauna Seninătatea și Acasă.

Câteva surse: *Perennial Philosophy* (*Filosofia perenă* – Huxley), Hristos, Tao, Muktananda, *Curs de miracole*, Fox, Wilber, Lazaris, Schuan și mulți alți gânditori și înțelepți.

Câteva dintre aceste principii sunt ilustrate în următorul studiu de caz despre James, un bărbat de 42 de ani care crescuse într-o familie de alcoolici: tatăl lui era cel care bea, iar mama lui își asuma de obicei rolul codependentului împăciuitor. Deși în timpul vieții adulte nu a dat semne că ar fi el însuși alcoolic, James a devenit tot mai conștient de confuzia și suferința lui neobișnuită. În cele din urmă a participat la un program Al-Anon și ulterior la întruniri ale unui grup de sprijin AcoA timp de circa șase ani, iar situația lui s-a ameliorat întrucâtva. James descrie în felul următor importanța și semnificația aspectului spiritual al procesului său de recuperare:

„De-a lungul acestor ani, am fost la o mulțime de întâlniri ale grupurilor de sprijin Al-Anon și apoi AcoA, probabil o dată sau de două ori pe săptămână. Chiar voiam să mă fac bine. Dar nu prea vedeam rezultate, deși ceva mă făcea să continui. Crezusem întotdeauna că era important pentru mine să fiu puternic, ceea ce echivala cu a fi independent. Pentru mine, asta însemna să nu vorbesc prea mult. Credeam că mă pot vindeca singur, fără ajutorul nimănui. Din punctul meu de vedere, slăbiciunea era echivalentă cu a avea încredere, a ceda sau a fi dependent, pe care le consideram un fel de boală. După mine, oamenii cu aceste caracteristici erau bolnavi. Și, desigur, aveam impresia că eram mai sănătos sau într-o stare mai bună decât ei. Privind în urmă, cred că aceste lucruri erau un fel de mecanism de apărare, probabil necesar, care mi-a permis să continui să particip la întâlniri fără să mă simt copleșit de emoțiile mele ascunse și de schimbările pe care trebuia să le fac pentru a-mi reveni.

În acest răstimp, la întâlnirile de grup am cunoscut o femeie care era extrem de arogantă și nefericită. Prezența ei mă deranja atât de tare, încât încercam să evit întâlnirile la care participa.

Credeam că în cazul ei nu era nimic de făcut și că eu mă aflam, fără îndoială, într-o situație mult mai bună decât ea. Apoi am văzut că s-a schimbat. A început să renunțe la atitudinea ei arogantă și să devină mai prietenoasă cu mine și cu ceilalți. Părea fericită. Deși nu-mi plăcea să recunosc asta, fiind vorba despre o persoană pe care n-o admirasem niciodată, o invidiam pentru schimbarea ei în bine. Voiam să trec și eu prin așa ceva. Pe de altă parte, *acum* femeia vorbea despre Forța ei Superioară, iar mie mi-a fost întotdeauna greu să înțeleg ce înseamnă asta, chiar dacă am avut parte de o educație religioasă activă.

Prin urmare am început să mă gândesc ce se întâmplase cu ea și cum aș putea obține și eu o parte din pacea sau seninătatea aceea. Multe dintre gândurile și trăirile mele erau legate de asta. Trăisem 40 de ani în nefericire și confuzie. Am început să citesc literatură spirituală și să mă rog. Deși încercasem să mă rog de când eram copil, de data asta era ceva diferit în rugăciunile mele. Poate că eram mai sincer și mai smerit. Apoi, câteva luni mai târziu, am trecut printr-o transformare care s-a produs cam pe parcursul a două săptămâni. Atitudinea mea s-a schimbat și m-am eliberat de resentimentele față de tatăl meu și de alții. (Desigur, în trecut lucrasem foarte mult cu furia mea și cu alte emoții, precum și cu alte probleme.) Am început să cred cu adevărat într-o Forță Superioară, ceea ce nu reușisem până atunci. Mai întâi asociasem sănătatea cu fericirea, apoi am asociat fericirea cu faptul că aveam nevoie de alții și că trebuia să capitulez în fața lor, dar și cu existența unui program spiritual. Iar asta m-a ajutat enorm".

Povestea lui James ilustrează câteva principii ale modurilor în care putem dobândi seninătatea (vezi lista precedentă). Mai întâi a trecut printr-o luptă interioară (#5). A folosit această luptă în relația lui incomodă cu femeia pe care o disprețuia ca pe o metodă pentru a crește și a evolua pe plan spiritual (#6). Fiind conștient de conflictul și suferința lui, a început să exerseze în mod regulat o practică spirituală: rugăciunea (#8). În cele din urmă a cerut ceea ce voia, de data asta cu sinceritate și smerenie (#10), și s-a abandonat Procesului vieții sale (#11). În ultimă instanță a găsit ceea ce căuta, în interiorul lui și nicăieri în altă parte (#12).

Metodele tradiționale sau convenționale de a dobândi seninătatea, pacea interioară sau fericirea se bazează de obicei pe căutarea plăcerii, evitarea durerii sau pe ambele. În primul caz ele variază de la o căutare hedonistă și concentrarea asupra altora (care poate conduce la codependență) până la „a fi bun" și a aștepta să dobândim pacea interioară mai târziu, ca pe o recompensă ce ne va fi oferită în rai. În al doilea caz putem încerca să ignorăm durerea, să ne detașăm de ea sau să evităm orice situație care poate cauza conflicte. Ne putem întreba: „Căutarea plăcerii și evitarea durerii mi-au adus vreodată pace, fericire sau seninătate durabilă?" Când i-am întrebat acest lucru pe alții (și pe mine), de obicei răspunsul a fost „nu".

Una dintre alegerile pe care le putem face este să ne simțim răniți și supărați cu privire la incapacitatea noastră de a fi fericiți și să ne proiectăm suferința asupra altora. O alternativă este să începem să *observăm* întregul proces și „autocontracția" sinelui nostru fals atunci când suntem nefericiți. Astfel devine din ce în ce mai clar că fericirea nu e un lucru pe care-l *obținem*. Fericirea, pacea sau seninătatea reprezintă *starea noastră naturală*. Dincolo de tot ce adăugăm emoțiilor și experiențelor noastre, dincolo de autocontracția noastră se află Seninătatea însăși. Pentru a dobândi seninătatea, nu e nevoie să facem ceva și nici măcar nu putem face ceva. Dacă avem 10 pe linie, n-o să fim fericiți. Nici dacă avem trei Rolls Royce-uri, câștigăm un milion de dolari sau ne căsătorim cu bărbatul sau cu femeia visurilor noastre. Fericirea nu poate fi câștigată sau dobândită și nici nu este posibil s-o merităm. Ea este deja a noastră *în mod inerent*, întotdeauna (Course, 1976).

Copiilor traumatizați deveniți adulți le poate fi greu să accepte ideea că suntem fericiți în mod inerent. Și mi se pare de înțeles. Pe măsură ce ne vindecăm copilul interior, ne este din ce în ce mai ușor să înțelegem că suntem deja fericiți, întotdeauna. Am constatat că o practică spirituală zilnică – precum meditația sau rugăciunea – și literatura spirituală m-au ajutat să-mi descopăr propria seninătate.

Unii cititori vor privi cu scepticism conceptul de „spiritualitate“. Unii dintre ei se vor simți dezorientați. Alții s-ar putea să nu-i dea crezare deloc și chiar să aibă impresia că „autorul bate câmpii!“ Pe de altă parte, sunt și persoane cărora acest concept ar putea să le aducă alinare, iar altele vor descoperi aici o mulțime de materiale utile. Oricare ar fi reacția dumneavoastră, vă invit să vă urmați reacțiile și instinctele. Reflectați la acest concept, vorbiți despre el ori de câte ori vi se pare potrivit. Folosiți ce puteți și lăsați restul deoparte. Pe mine spiritualitatea m-a ajutat și am văzut cum a ajutat sute de alte persoane să-și vindece copilul interior.

Anexă: Notă despre metodele de vindecare

Medicii și terapeuții care lucrează cu copii adulți ai alcoolicilor sau din alte familii cu probleme ori disfuncționale sunt de părere că terapia de grup este *principala metodă de tratament* care ar trebui folosită în procesul de recuperare. Sunt de acord cu ei, cu condiția ca metoda să fie integrată într-un *program de recuperare complet*, constând în:

- **Tratamentul** oricăror adicții, compulsii sau atașamente **active** (precum alcoolism sau dependență de o altă substanță, o tulburare alimentară etc).
- Participarea la **grupuri de sprijin**, cu ajutorul unui sponsor și parcurgând programul în 12 pași sau un sistem similar de recuperare.
- **Informarea** în privința afecțiunilor și tehnicilor de recuperare.
- **Tratamentul rezidențial** al traumei, intens și de scurtă durată, conform dorinței pacientului sau recomandării terapeutului.

- Consilierea sau psihoterapia **individuală**, după cum e indicat.

Cred că toate aceste metode pot fi incluse într-un program holistic continuu de recuperare fizică, mental-emoțională și spirituală. Ținând cont de aspectele de mai sus, iată *câteva avantaje ale principalului tratament*: terapia de grup.

Câteva avantaje ale terapiei de grup pentru copiii adulți

1) Membrul grupului are mai mulți „terapeuți“, nu unul singur (eu recomand doi lideri de grup și grupuri cu maximum șapte–opt membri, în funcție de regularitatea participării).
2) Grupul recreează numeroase aspecte ale familiilor participanților, oferindu-le astfel ocazia de a lucra cu legăturile lor emoționale și conflictele interioare (de exemplu, transfer, proiecție) asociate cu propria lor familie.
3) Persoana are ocazia să vadă cum decurge recuperarea în diferite etape. Deosebit de motivantă și tămăduitoare este capacitatea de a vedea cum participanții la grup fac schimbări definitive și, uneori, majore în viața lor și în ceea ce privește vindecarea propriului lor copil interior.
4) Cu ajutorul unor lideri de grup pricepuți și cu o pregătire corespunzătoare, grupul poate lucra cu teme de viață specifice implicate în recuperarea fizică, mentală, emoțională și spirituală.
5) Avantajele bine-cunoscute ale terapiei de grup în general, precum capacitatea de a obține identificare, validare, feedback, confruntare adecvată, dar nu abuzivă, plus un număr mare de alți factori și dinamici din terapia de grup.

Pentru a ne dezvolta suficiente aptitudini și impulsul de autovindecare necesar ca să depășim și să înlocuim condiționarea negativă, atitudinea de victimă și compulsia la repetiție, precum și să ne descoperim și vindecăm copilul interior, de obicei e necesar să participăm la un asemenea *program complet de recuperare* între *trei și cinci ani* sau mai mult.

Recuperarea nu este un proces intelectual sau rațional. Și nici nu e un lucru ușor de făcut. Este un proces experimental, constând în entuziasm, descurajare, durere și bucurie, pe parcursul căruia evoluăm. Recuperarea necesită mult curaj. Chiar dacă nu poate fi explicat corespunzător doar cu ajutorul cuvintelor, în cartea de față am început să descriu acest proces de vindecare a copilului interior.

Pentru a continua vindecarea, cititorul poate să aibă în vedere următoarea mea carte, *A Gift to Myself*, care reprezintă un manual și un ghid ce ne permite să parcurgem multe aspecte specifice ale procesului de vindecare.

Charles Whitfield
Atlanta, Georgia

Tabele și figuri

Tabele

Figuri

Referințe

Ackerman RJ: *Children of Alcoholics: A Guidebook for Educators, Therapists and Parents* (ed. a 2-a). Learning Publications, Holmes Beach, Florida, 1983.

Ackerman RJ: *Growing in the Shadow*. Health Communications, Deerfield Beach, Florida, 1986.

Adult Children: Alcoholic/Dysfunctional Families. World Service Organization, www.adultchildren.org. Noua carte de referință a Alcoolicilor Anonimi, 2006.

Adult Children of Alcoholics (ACA Central Service Board) Box 3216, Los Angeles, California 90505.

AI-Anon Family Groups, PO Box 182, Madison Square Station, New York 10159.

American Psychiatric Association. *DSM-II, III-R & IV: Diagnostic and Statistical Manual of Mental Disorders* (ed. a 3-a și a 4-a). Washington, DC, 1980, 1986 & 1995.

Anonim: *Curs de miracole*. Foundation for Inner Peace, Editura Centrum, Polonia.

Armstrong T: *The Radiant Child*. Quest, Wheaton, Illinois, 1985.

Black C: *It Will Never Happen To Me*. M.A.C. Publishing, Colorado, 1980.

Black C: „Talk on Adult Children of Alcoholics", Gambrills, Maryland, 1984.

Booz, Allen & Hamilton Inc: „An Assessment of the Needs and Resources for the Children of Alcoholic Parents". NIAAA Contract Report, 1974.

Bowlby J: *Loss*. Basic Books, New York, 1980.

Bowlby J: „On Knowing What You are not Supposed to Know and Feeling What You are not Supposed to Feel". *Journal Canadian Psychiatric Association*, 1979.

Bowden JD and Gravitz HL: *Genesis*. Health Communications, Deerfield Beach, Florida, 1987.

Briggs DC: *Your Child's Self-Esteem: Step-by-step Guidelines to Raising Responsible, Productive, Happy Children*. Doubleday Dolphin Books, Garden City, New York, 1970.

Brown S: „Presentation at Second National Conference on Children of Alcoholics", Washington, DC, 26 februarie 1986.

Campbell J: *Eroul cu o mie de chipuri*. Editura Herald, 2021.

Cermak TL: *A Primer for Adult Children of Alcoholics*. Health Communications, Deerfield Beach, Florida, 1985.

Cermak TL: *Diagnosing & Treating Co-Dependence: A Guide for Professionals who Work with Chemical Dependents,*

Their Spouses, and Children. Johnson Institute, Minneapolis, Minnesota, 1986.

Cermak TL, Brown S: „Interactional Group Therapy with the Adult Children of Alcoholics". International Journal Group Psychotherapy. 32:375–389, 1982.

Co-Dependents Anonymous, CoDA's „Big Book", *www.codependents.org.*

Colgrave M; Bloomfield H; McWilliams: *How to Survive the Loss of a Love.* Bantam Books, New York, 1976.

Cork M: *The Forgotten Children.* Addiction Research Foundation, Toronto, Canada, 1969.

Deikman AJ: *The Observing Self.* Beacon Press, Boston, Massachusetts 1982.

Dossey L: *Beyond Illness: Discovering the Experience of Health.* Shambhala, Boulder, Colorado, 1985.

Dreitlein R: „Feelings in Recovery". Workshop, Rutgers Summer School on Alcohol Studies, New Brunswick, New Jersey, 1984.

Eisenberg L: „Normal Child Development". În Freedman AM; Kaplan HI (eds.): *The Child: His Psychological and Cultural Development.* Vol. 2, *The Major Psychological Disorders and their Development.* Athenaeum, New York, 1972.

Fellitti VJ; Anda RF; Nordenberg D *et al.*: „Relationship of Childhood Abuse and Household Dysfunction to many of the Leading Causes of Death în Adults". *American Journal of Preventive Medicine* 14:245–258, 1998.

Ferguson M: *The Aquarian Conspiracy: Personal and Social Transformation in the 1980's.* Tarcher, Los Angeles, California, 1980.

Finn CC: Poezie anterior nepublicată de autor, publicată de mai multe ori de alții și atribuită unui anonim. Scrisă la Chicago în 1966. În cazul de față, publicată cu permisiunea autorului, mesaj personal, Fincastle, Virginia, martie 1986.

Fischer B: Workshop despre „rușine". The Resource Group, Baltimore, Maryland, 1985.

Forward S; Buck C: *Betrayal of Innocence: Incest and its Devastation.* Penguin Books, New York, 1978.

Fossum MA; Mason MJ: *Facing Shame: Families in Recovery.* WW Norton, New York, 1986.

Fox E: „Reawakening the Power of Your Wonder Child". În *Power Through Constructive Thinking.* Harper & Row, New York, 1940.

Freud A: *The Ego and the Mechanisms of Defense. Revised ed.* Int'l Universities Press, New York, 1966.

Gil E: *Outgrowing the Pain. A Book for and about Adults Abused as Children.* Launch Press, Box 40174, San Francisco, California 94140, 1984.

George D; Richo D: Workshop despre „Copilul interior". Santa Barbara, California, aprilie 1986.

Gravitz HL, Bowden JD: *Recovery: A Guide for Adult Children of Alcoholics.* Learning Publications, Holmes Beach, Florida, 1985.

Guntrip H: *Psychoanalytical Theory, Therapy and the Self: A Basic Guide to the Human Personality,* în *Freud, Erickson, Klein, Sullivan, Fairbairn, Hartman, Jacobsen and Winnicott.* Basic Books, Harper Torchbooks, New York, 1973.

Hoffman B: *No One Is To Blame: Getting a Loving Divorce From Mom and Dad*. Science and Behavior Books, Palo Alto, California, 1979.

Horney K: Cap. 71 „The Holistic Approach“ (Horney). De Kelman H în *American Handbook of Psychiatry*. Basic Books, New York, 1959.

Jacoby M: *The Analytical Encounter: Transference and Human Relationship*. Inner City Books, Toronto, Canada, 1984.

Jourard SM: *The Transparent Self*. Van Nostrand, New York, 1971.

Jung CG; Kerenyi, C: *Essays on a Science of Mythology: The Myth of the Divine Child*. Billingen Series, Princeton, 1969.

Kaufman G: *Shame: The Power of Caring*. Schenkman, Cambridge, Massachusetts, 1980.

Kohut H: *The Analysis of the Self*. International Univ. Press, New York, 1971.

Kritsberg W: *The Adult Children of Alcoholics Syndrome: From Discovery to Recovery*. Health Communications, Deerfield Beach, Florida, 1986.

Kurtz E: *Not-God: A History of Alcoholism Anonymous*. Hazelden Educational Services, Center City, Minnesota, 1979.

Kurtz E: *Shame and Guilt: Characteristics of the Dependency Cycle (an Historical Perspective for Professionals)*. Hazelden, Center City, Minnesota, 1981.

Lindemann E: „The Symptomatology and Management of Acute Grief“. *American Journal of Psychiatry*, 101: 141–148, 1944.

Masterson JF: *The Real Self: A Developmental, Self and Objective Relations Approach.* Brunner/Mazel, New York, 1985.

Miller A: *For Your Own Good: Hidden Cruelty in Childrearing and the Roots of Violence.* Farrar, Strauss, Giroux, New York, 1983.

Miller A: *The Drama of the Gifted Child.* Harper, New York, 1981 and 1983.

Miller A: *Thou Shall Not Be Aware: Society's Betrayal of the Child.* Farrar, Straus, Giroux, New York, 1984.

Missildine WH: *Your Inner Child of the Past.* Pocket Books, New York, 1963148.

National Association for Children of Alcoholics. 11426 Rockville Pike, Suite 301, Rockville, Maryland 20852. 888-55-4COAS / 301-468-0985.

Nelson P: „Autobiography in Five Short Chapters". În Nelson P: *There's a Hole in My Sidewalk.* Popular Library, New York, 1977.

Pearce JC: *Magical Child: Rediscovering Nature's Plan for Our Children.* Bantam Books, New York, 1986.

Peck MS: *Drumul către tine însuți. O nouă psihologie a iubirii, a valorilor tradiționale și a creșterii spirituale.* Editura Curtea Veche, ed. a IV-a, 2020.

Rose AL *et al.*: *The Feel Wheel.* Center for Studies of the Person. LaJolla, California, 1972.

Samuel W: *The Child Within Us Lives!* Mountain Brook Pub., Mountain Brook, Alabama, 1986.

Satir V: *Peoplemaking.* Science & Behavior Books, Palo Alto, California, 1972.

Schatzman M: *Soul Murder: Persecution in the Family.* New York, 1973.

Simos BG: *A Time to Grieve: Loss as a Universal Human Experience.* Family Services Association of America, New York, 1979.

Spitz R: *Hospitalism in the Psychoanalytic Study of the Child.* Vol. 1, Int'l University Press, New York, 1945.

Vaughan F: *Awakening Intuition.* Anchor/Doubleday, New York, 1979.

Vaughan F: *The Inward Arc: Healing & Wholeness in Psychotherapy and Spirituality.* Shambhala, Boston, Massachusetts, 1985.

Viorst J: *Necessary Losses: The Loves, Illusions, Dependencies and Impossible Expectations That All of Us Have to Give Up in Order to Grow.* Simon & Schuster, New York, 1986.

Viscott D: *The Language of Feelings.* Pocket Books, New York, 1976.

Ward M: *The Brilliant Function of Pain.* Optimus Books, New York, 1977.

Wegscheider S: *Another Chance: Hope and Health for the Alcoholic Family. Science and Behavior Books,* Palo Alto, California, 1981.

Weil A: *The Natural Mind.* Houghton Mifflin, New York, 1972.

Wheelis A: *How People Change.* Harper/Colophon, New York, 1983.

Whitfield (Harris) B: *Spiritual Awakenings: Insights of the Near-Death Experience and Other Doorways to Our Soul.* Health Communications, Deerfield Beach, Florida, 1995.

Whitfield CL: *A Gift to Myself: A Personal Workbook and Guide to Healing the Child Within.* Health Communications, Deerfield Beach, Florida, 1990. Publicată și în limba franceză.

Whitfield CL: „Adverse Childhood Experience and Trauma“ (editorial). *American Journal of Preventive Medicine,* 14(4):361–364, mai 1998.

Whitfield CL: *Alcoholism and Spirituality.* (Ediție particulară) Perrin & Tregett Rutherford, NJ, 1985.

Whitfield CL: *Boundaries and Relationships: Knowing, Protecting and Enjoying the Self.* Health Communications, Deerfield Beach, Florida, 1993. Publicată de asemenea în franceză și spaniolă.

Whitfield CL: „Children of Alcoholics; Treatment Issues.“ În *Services for Children of Alcoholics,* NIAAA Research Monograph 4, 1979.

Whitfield CL: „Co-Alcoholism: Recognizing a Treatable Illness“. *Family and Community Health,* Vol. 7, vara 1984.

Whitfield CL: *Co-dependence: Healing the Human Condition: The New Paradigm for Helping Professionals and People in Recovery.* Health Communications, Deerfield Beach, Florida, 1991.

Whitfield CL: „Co-Dependence: Our Most Common Addiction“. *Alcoholism. Treatment Quarterly* 6:1, 1989.

Whitfield CL: *Memory and Abuse: Remembering and Healing the Effects of Trauma. Health Communications,* Deerfield Beach, Florida, 1995.

Whitfield CL: *My Recovery: A Personal Plan for Healing.* Health Communications, Deerfield Beach, Florida, 2003.

Whitfield CL; Silberg J; Fink P (eds): *Misinformation Concerning Child Sexual Abuse and Adult Survivors.* Haworth Press, New York, 2002.

Whitfield CL: *The Truth about Depression: Choices for Healing. Health Communications,* Deerfield Beach, Florida, 2003. Publicată și în limba portugheză.

Whitfield CL: *The Truth about Mental Illness: Choices for Healing.* Health Communications, Deerfield Beach, Florida, 2004.

Whitfield CL; Whitfield B; Park R; Prevatt J: *The Power of Humility: Choosing Peace over Conflict in Relationships.* Health Communications, Deerfield Beach, Florida, 2006.

Wilber K: *Fără granițe. Abordări occidentale și orientale ale dezvoltării personale.* Elena Francisc Publishing.

Wilber K: *Eye to Eye: The Quest for a New Paradigm.* Anchor/ Doubleday, Garden City, New York, 1983.

Winnicott DW: *Collected Papers.* Basic Books, New York, 1958.

În colecția

INTROSPECTIV SPIRITUALITATE

a editurii Litera

au apărut:

Shunmyo Masuno

Zen

Arta de a trăi simplu

Esther și Jerry Hicks

Legea Atracției

Fundamentele învățăturilor lui Abraham

Gary Zukav

Lăcașul sufletului

Neale Donald Walsh

Furtuna dinaintea liniștii

Robert Wright

De ce este adevărat budismul

Medium Medical

Vindecarea ficatului

Robert Butera, Erin Byron, Staffan Elgelid

Terapia prin yoga pentru combaterea stresului și anxietății

Dalai Lama

Lumi în armonie

Compasiunea, calea către o lume mai bună

Deepak Chopra

Cum să obții prosperitatea

Pașii de la A la Z către o viață mai bogată

Harold Kushner

De ce oamenilor buni li se întâmplă lucruri rele